Knaur

Originalausgabe November 1990

Umschlaggestaltung Manfred Waller
Umschlagillustration Hans-Werner Schulz
Satz Compusatz GmbH, München
Druck und Bindung Elsnerdruck, Berlin
Printed in Germany 5 4 3 2 1
ISBN 3-426-04834-5

Hans-Eckehard Bahr (Hrsg.):

Von der Armee zur europäischen Friedenstruppe

Mit Originalbeiträgen von Franz Alt, Rainer Eppelmann, Erhard Eppler, Nikolaus Huhn, Robert Jungk, Franz Meyer, Hans Modrow, Hans-Joachim Reeb, Elmar Schmähling, Dieter Senghaas, Dorothee Sölle, Karsten D. Voigt und Wolfgang Raupach

Knaur®

Inhalt

I. Hans-Eckehard Bahr: Das Konzept 7

Von der Armee zur europäischen Friedenstruppe 9

II. Erfahrungen der Friedensdienste 49

Wolfgang Raupach: Aus den Erfahrungen der freiwilligen Friedensdienste 51

Nikolaus Huhn: Handwerker am europäischen Haus 85

III. Diskussion: Die Offiziere 97

Franz Meyer: Metamorphosen des Militärischen 99

Hans-Joachim Reeb: Militär als Öko-Truppe? . . 107

Elmar Schmähling: Vom nationalen Kriegsdienst zum europäischen Friedensdienst – die Zukunft der Bundeswehr 119

IV. Diskussion: Politiker, Friedensforscher, Publizisten 127

Franz Alt: Brief an einen jungen Soldaten 129

Rainer Eppelmann: Wehrdienst und Zivildienst in einem Entwicklungsprozeß 139

Erhard Eppler: Friedensbewegung und Realpolitik 143

Robert Jungk: Statt »Friedensdienst« Finanzierung Tausender friedlicher Projekte . . . 155

Hans Modrow: Friedenssicherung heute 159

Dieter Senghaas: Was friedenspolitisch jetzt zu tun wäre 169

Dorothee Sölle: Weder uns selber noch andere aufgeben 189

Karsten D. Voigt: KSZE und Europäische Gemeinschaft als wichtigste Grundlagen einer Europäischen Friedensordnung 207

Die Autoren 213

I

Hans-Eckehard Bahr: Das Konzept

Von der Armee zur europäischen Friedenstruppe

In den »Tagesthemen« Fernsehbilder aus Moskau: Jugendliche, die aus ihrem Elternhaus weggelaufen sind. »Die Eltern vergehen aus Sorge«, sagt Wladimir Kulistikow, der sowjetische Kommentator, »unterdes leben ihre Kleinen ein gefährliches, aber aufregendes Leben als Gangster und Prostituierte, Drogenschnupfer und Diebe im Untergrund der riesigen Städte.« 182000 Jugendliche seien im letzten Jahr in Moskau wegen Alkoholmißbrauchs, 10500 Kinder wegen Drogenkonsums aufgegriffen worden.

22 Uhr 43, der zweite Filmbeitrag: Szenen von der Überschwemmungskatastrophe in der Südukraine. Junge Männer sind dabei, Dämme zu verstärken, obdachlose Kinder zu füttern, Alte wegzurudern. Sie seien Pionier-Einheiten aus Augsburg, ein Vorauskommando der neu aufgestellten 3. Division des ökologischen Friedensdienstes der ehemaligen Bundeswehr. Sie seien froh, Sinnvolles zu tun, anstatt rumzugammeln wie früher, sagen sie dem Reporter.

Der O-Ton Kulistikow ist authentisch, so stand es schon am 29. Dezember 1989 in der »ZEIT«. Die Fernseh-Szenen aus der Ukraine sind fiktiv und zugleich, auf die natürlichste Art, realistisch.

Wer würde sich nach allem, was in Europa geschehen ist,

noch ernsthaft wundern, wenn auch das endlich käme, die Transformation der europäischen Armeen zu einem neuen blockübergreifenden, ökologischen Friedensdienst? Kein neuer Ersatzdienst, keine idealistische Freiwilligen-Brigaden, sondern die substantielle Umpolung des jetzigen Militärs in sein Gegenteil. Nicht diese oder jene halbherzige Reduktion von Truppenstärken oder technisch überholten Waffensystemen steht auf der Tagesordnung, sondern die Reformation des gesamten Nachkriegssystems militärisch organisierter Friedlosigkeit, wenn man ökologisch überleben will.

Die heutige Menschheit ist über Nacht notgedrungen eine Überlebensgemeinschaft geworden, die aber das Zusammenhandeln erst lernen muß. Die Militärbündnisse verlieren ihre abschreckende, aber – viel tiefer – auch ihre disziplinierende und Sicherheit vorspiegelnde Rolle nach innen. Das Verteidigungssystem schirmt den politischen Innenbereich mit dem Effekt der Angstminderung ab. Nur Altgediente können nicht fassen, daß die Völker unter diesem Schirm hindurch längst aufeinander zugehen, ihre Sicherheit gemeinschaftlich stärken, nicht mehr gegeneinander.

Dennoch wird verblüffend ungebrochen an der angstmachenden Funktion des Militärs, an der Herstellung von Waffen mit nochmals gesteigerter Vernichtungskapazität festgehalten. Weil die NATO ihre Politik der atomaren Abschreckung unversöhnlich beibehalten hat, sei das östliche System zusammengebrochen, lautet eine beliebte Selbstrechtfertigung westlicher Politiker. Der NATO-Doppelbeschluß, kann Helmut Schmidt noch am 6. Juli 1990 in der »ZEIT« erklären, »hat den Boden für die weiterreichenden Abrüstungsverträge geschaffen, die heute verhandelt werden«. Und am 13. Juni 1990 veröffentlicht die Bundeswehr im »Stern« eine ganzseitige Anzeige, in der es – als Eigenlob – heißt: »Auch ihr ist es zu danken, daß militärische Gewalt als Mittel der Politik aussichtslos wurde. Und so ist es auch ihr Verdienst, daß der Eiserne Vorhang verschwindet. Und daß sich Deutsche aus Ost und West endlich wieder unter dem Brandenburger Tor begegnen können.«

Ich will nicht bestreiten, daß auch die westliche Militärpolitik, die Drohung mit Massenvernichtungsmitteln den Umbruch im Osten mit beeinflußt hat. Die Annahme aber, die innere Demokratisierung in der Sowjetunion sei unter dem Eindruck der Atomraketen und Kampfflugzeuge des Westens herbeigezwungen worden, verkennt gründlich die eigenwüchsigen, systeminternen Freiheitspotentiale in der russischen Bevölkerung. Außerdem, die gewaltfreien Revolutionen in der DDR und in der ČSFR wurden gerade von engagierten Gruppen der christlichen Friedensbewegung in Gang gebracht, von Bürgern also, die entschiedene Gegner auch des westlichen Militärsystems sind. Sie wagten sich erstmals auch in Ost-Berlin an die Öffentlichkeit, unmittelbar nachdem am 10. Oktober 1981 in Bonn über eine Viertelmillion Bürger der Bundesrepublik gegen die Stationierung amerikanischer Raketen auf die Straße zogen. Nein, nicht jene Raketen haben die Nationale Volksarmee entwaffnet, sondern die jungen Leute, die mit Kerzen in der Hand am Hiroshima-Tag aus der Kreuzkirche Dresden zogen. Eine neue Friedensbewegung im Westen und dann auch im Osten hat die gewaltfreie Veränderung des östlichen Zwangsapparates herbeigeführt.

Seither beginnt die Nachkriegsordnung der Konfrontation auf unserem Kontinent von innen her zusammenzusinken, vom Freiheitsimpuls im Osten aufgebrochen, nicht unter der äußeren Drohung der militärischen Abschreckung des Westens. Jetzt hat auch der Westen die Chance, dieser inneren Demokratisierungsrealität seinerseits militärstrategisch und bündnispolitisch zu entsprechen. Eine internationale Kooperation neuer Qualität könnte probiert werden, die nicht mehr nur auf die Chaosängste der Nachkriegsgeneration setzt. Eine kooperative Bemühung, die die Befreiungskapazitäten der Europäer einrechnet, und die mit ihren Wohlstandswünschen ebenso arbeitet wie mit ihren Versöhnungsinteressen. Eine Antwort insbesondere des westlichen Deutschland ist fällig, die der Würde der gewaltfreien Revolution in Leipzig, Dresden und darüber hinaus entspricht.

Der Abschied von den Armeen könnte heute in Europa beginnen. Der Abschied vom Gedanken, die inneren Ungeborgenheiten und die eigenen Besitztümer an den äußeren Grenzen durch die Söhne verteidigen zu lassen. Der Abschied vom pessimistischen, kleinherzigen Menschenbild, das den Abschreckungsstrategien zugrunde liegt. Und die Wahrnehmung einer ganz anderen, einer schöpferisch freiheitsorientierten Möglichkeit des Menschen, wie sie in den gewaltfreien Revolutionen im Osten wieder zutage getreten ist.

Auf den zweiten Blick
Die Russen rüsten hastig ab. Weit vorauseilende unilaterale Demobilisierungen des Warschauer Paktes. Der Westen hat den Kalten Krieg gewonnen, kampflos. Nicht Leopard-Panzer rollen in die DDR ein, sondern die Limousinen der Konzerne. Eine glückliche Beschäftigungslosigkeit droht der NATO, wenn der Osten weiter seine Pflicht versäumt, Feindbild und Bedrohungsfiktion zu stellen. Den Rüstungsvorhaben der Bush-Administration wird nun der Anschein des moralisch Legitimen und des strategisch Gebotenen genommen. Die alte, bewährte Selbstrechtfertigung, die weitergehende Rüstung in West und Ost sei eben nur die überlebensnotwendige Vorbereitung zur Vermeidung der Katastrophe, diese Legitimierung fliegt nun endgültig auf.
Aber haben nicht am 7. Juni 1990 auch die NATO-Außenminister ihre Entschlossenheit betont, nunmehr »die historische Chance zu ergreifen, ... eine neue europäische Friedensordnung zu schaffen«? Ja, ihre »Botschaft von Turnberry« war rhetorisch voller Urbi-et-orbi-Pathos, im sachlogischen, harten Kern, im »Kommuniqué« jedoch eiskalt. Was de facto »der Sowjetunion und allen europäischen Ländern« offeriert wurde, war »auch weiter« das Festhalten der NATO an »einer angemessenen Mischung überlebensfähiger und wirksamer konventioneller und nuklearer Streitkräfte«. Also der uralte, nur mit blauem Spruchband umwundene Hut, der Westen setze nach wie vor auf militärische Absicherung, ja, auch ein vereintes Deutschland müsse nicht nur politisch, sondern auch militärisch der

NATO angehören. Das seien, bekundet die »FAZ«, »die Brücken, die der Sowjetunion gebaut werden sollen«. (9. Juni 1990)
Nach dem Außenminister-Treffen von Turnberry folgte vom 5. bis 7. Juli 1990 der Gipfel in London, die lang erwartete Konferenz der Staats- und Regierungschefs der 16 NATO-Staaten. Wieder die feierliche Erklärung, man reiche nunmehr »den Ländern Mittel- und Osteuropas ... die Hand zur Freundschaft«. Aber auch diesmal bleibt es beim rhetorischen Symbol. Die Hand des Westens kann sich gar nicht öffnen. Sie hält ja fest an der Militärstrategie des nuklearen »Erstschlags«, an der Kerndoktrin der alten Abschreckungspolitik. Zwar wird der Einsatz von Atomwaffen gegen die Länder Mittel- und Osteuropas im Abschluß-Kommuniqué des Londoner Gipfels nur als »letztes Mittel« angedroht. Premierministerin Thatcher aber dürfte dem faktischen Kern der Beschlüsse am nächsten kommen, wenn sie betont: »Die grundlegende NATO-Strategie, über Atomwaffen zu verfügen und sie gegebenenfalls einzusetzen, hat sich nicht geändert. Die atomare Abschreckung über kurze und lange Distanz besteht weiterhin.« (»FAZ«, 9. Juli 1990)
Ich frage mich: Fühlt sich die gegenwärtige Bundesrepublik im Fall eines konventionellen Vorstoßes der Warschauer-Pakt-Staaten moralisch und völkerrechtlich dazu ermächtigt, nach wie vor mit atomaren Massenvernichtungsmitteln zurückzuschlagen? Verstehe ich recht: Bezieht die Regierung der Bundesrepublik Deutschland 45 Jahre nach den deutschen Verwüstungen polnischer und russischer Landstriche eine Vernichtung osteuropäischer Menschen als Ultima ratio in ihre atomares Verteidigungskonzept

ein? Ist das atomare Ausbrennen gegnerischer Kommandozentralen ebenso wie dicht besiedelter Städte zum Zweck der Selbstverteidigung noch immer kein Verbrechen gegen die Menschenrechte?
Die Gefahr eines östlichen Angriffs sei zwar unwahrscheinlich geworden, hieß es in London. Die amerikanische Regierung indessen ist »nicht bereit, den wiederholten sowjetischen Forderungen nach einer Verzichtserklärung auf einen nuklearen ›Erstschlag‹ zu entsprechen«, berichtet vom NATO-Gipfel die unverdächtige »FAZ«. (3. Juli 1990)
Ich frage mich: Verletzt die 1990 erneut bekräftigte »defensive first use option« der westlichen Militär-Allianz für Massenvernichtungsmittel nicht zwangsläufig die zentralen völkerrechtlichen Grundsätze? Es lassen sich doch folgende Fakten nicht mehr übersehen:

a) Der Schritt vom Einsatz konventioneller Waffen zum Ersteinsatz nuklearer Waffen ist kein gleitender, rüstungstechnischer Übergang, sondern ein Sprung auf die Ebene der Massenvernichtung. Er markiert eine dimensionale, nicht nur quantitative Veränderung des sicherheitsstrategischen Status quo, vom Boden der Bundesrepublik aus.
b) Schon der Einsatz einer einzigen dieser Massenverbrennungswaffen kann einen innereuropäischen und womöglich weltweiten atomaren Völkermord zur Folge haben, gerade bei geschwächter Position der östlichen Armeen und den zu befürchtenden Kurzschlußreaktionen.
c) Das Versagen technischer Warnsysteme beim Abschuß des koreanischen Zivilflugzeugs im September 1983, das

Scheitern vergleichsweise einfacher Militärlogistik beim Hubschraubereinsatz der USA zwecks Geiselbefreiung im Iran bzw. bei der Panama-Invasion – ich nenne einmal nur diese spektakulären Fälle – haben gezeigt, wie unzuverlässig die vorhandenen Kontrollsysteme selbst des höchsten technischen Entwicklungsgrades auf seiten beider Supermächte sind.

d) Ein System militärischer Sicherheit, dessen Funktionieren auf der ausdrücklichen Bereitschaft beruht, die Unterscheidung von Kombattanten und Nichtkombattanten zu mißachten, verletzt den Geist des Völkerrechts.

e) Steht nicht im Vaticanum II bereits: »Jede Kriegshandlung, die auf Vernichtung ganzer Städte oder weiter Gebiete und ihrer Bevölkerung unterschiedslos abgestellt, ist ein Verbrechen gegen Gott und gegen die Menschen, das fest und entschieden zu verwerfen ist«? Auch die Vollversammlung des Ökumenischen Rates der Kirchen, deren Delegierte an die 500 Millionen nicht-katholischer Christen repräsentieren, erklärte schon im August 1983 in Vancouver unzweideutig: »Produktion, Stationierung und Einsatz von Atomwaffen ist ein Verbrechen gegen die Menschheit.«
Die Reformierten Christen, die Katholische Bischofskonferenz der USA und die Mehrheit der protestantischen Kirchen in den USA, die DDR-Kirchen – sie alle haben schon 1983 mit einem bedingungslosen Nein zu allen Massenvernichtungswaffen die von der Bundesregierung in der NATO vertretene defensive Erstschlagspolitik für Massenvernichtungsmittel unüberhörbar abgelehnt.
Wie gehen Bundesrepublik und NATO mit der Tatsache

um, daß sie sich mit ihrer Politik in Widerspruch befinden gegen das Urteil führender Kirchenleitungen der Weltchristenheit?

Abrüstungszynismus anstelle von Überlebenspolitik

Und der Abzug der amerikanischen nuklearen Artillerie aus Europa, das *zweite* sogenannte *Friedenssignal* der NATO aus London? Diese Waffen mit ihrer geringen Reichweite von nur 30 Kilometern seien in Mitteleuropa nun »obsolet« geworden, hatte Bush schon im Mai 1990 begründet. Nicht erwähnt wurde in Brüssel, daß den Vereinigten Staaten in Europa der entscheidende »nukleare Anker« von rund 1400 Nuklearbomben in Kampfflugzeugen verbleibt, ganz zu schweigen von den neuen atomaren Luft-Boden-Raketen (TASM). Für diese neuen taktischen Luftwaffensysteme jedenfalls hat die Regierung Bush im Haushalt des Jahres 1991 schon 118 Millionen Dollar beantragt.

Den schon 1987 im Mittelstreckenvertrag (INF) unterschriebenen Abzug der landgestützten Raketen stellt die Washingtoner Administration heute als authentische Abrüstung hin, um die bevorstehende Verlagerung der atomaren Arsenale auf flexiblere see- und luftgestützte Systeme undurchschaubarer zu halten. Die bislang geheimgehaltene und an den Parlamenten der NATO-Staaten vorbei getroffene Entscheidung vom April 1989, die seegestützten atomaren Cruise Missiles (SLCM) mit Reichweiten bis zu 2500 Kilometern und Landzielen tief in der UdSSR jetzt dem NATO-Oberkommando zu unterstellen, wurde am 5. Juni in Washington durch eine Studie des »British-American Security Council« (BASIC) bekannt. Es sei »eine bittere Ironie, daß die NATO derzeit eine harschere Politik verfolge als auf dem Höhepunkt des Kalten Krieges«, kommentiert der ehemalige Operationschef der US-Streitkräfte in Europa, Admiral Eugene Caroll, in der »New York Times«. Abrüstungszynismus anstelle von Überlebenspolitik?

Ich fürchte, zutiefst wird noch immer das Ende des Feindes erhofft, nicht das Ende der Feindschaft. Geht es jetzt darum, daß endlich die Richtigen siegen oder daß endlich das Siegenmüssen aufhört?

Mit der Vereinbarung von Schelesnododsk ist Deutschland politisch noch stärker geworden. Die sowjetische Regierung, wirtschaftlich geschwächt und konzessionsbereit, hat der NATO-Mitgliedschaft des vereinten Deutschlands zugestimmt. Der Abzug der sowjetischen Truppen aus der jetzigen DDR soll in drei bis vier Jahren beendet sein, ohne daß ein paritätischer Abzug der Armeen Amerikas, Englands und anderer NATO-Länder von deutschem Boden auch nur erwähnt wurde. Eine Blockverschiebung bis an die Oder, nicht eine Blocküberwindung war eines der Ergebnisse der Kanzler-Reise in den Kaukasus.

Deutschland – Friedensland?

»*Irre! DDR kauft neue Waffen. Und das von unseren Steuergeldern. Was will Pfarrer Eppelmann mit 4500 Maschinenpistolen?*« lauteten die Schlagzeilen der »Bild-Zeitung« vom 29. Juli 1990. Empörte Verhör-Fragen an Eppelmann tags darauf auch in den »Tagesthemen« der ARD. Den Hamburger Journalisten schien gänzlich unbekannt zu sein, daß Bonn im laufenden Haushalt allein 10,9 Milliarden Mark für Beschaffung von Rüstungsgütern angesetzt hat, gefolgt von 10,3 Milliarden im Regierungsentwurf für 1991. Die Bonner Milliarden für Aufrüstung sind richtig, sollen die »Bild«-Leser glauben, da unsere Waffen ja auf die Falschen drüben im Osten gerichtet sind. Wie kann da ein amtierender DDR-Minister wagen, noch 4500 Handwaffen zu bezahlen? »So verschleudert die DDR-Regierung unser Geld«, titelt »Bild«. Ja, die Schreiber dieses Blattes sind für die Abrüstung. Aber nur, selbstverständlich, wenn die anderen sie betreiben.

Die DDR indessen hat glücklicherweise abgerüstet. Die Produktion von Rüstungsgütern wurde innerhalb eines Jahres fast halbiert, die aktive Truppe drastisch reduziert, der Verteidigungshaushalt für das zweite Halbjahr 1990 pauschal um 15 Prozent vom Parlament gekürzt. Keine neuen Aufträge, sondern – ein ungewöhnlicher Erfolg direkter Abrüstungspolitik – die Kündigung der Abnahmeverpflichtungen und der laufenden Verträge mit der Sowjetunion in Höhe von fast zwei Milliarden Mark.

Zum ersten Mal seit dem Ende des Zweiten Weltkriegs soll allerdings nun auch in Westdeutschland abgerüstet werden. Verteidigungspolitiker der CDU/CSU-Fraktion schlagen eine Verringerung um drei Milliarden für den 50-Milliarden-Haushalt 1991 vor. Diese Kürzungen aber tangieren nirgends die Kontinuität der Rüstung. Es ist eine Verringerung, die »nicht unmittelbar dem Auftrag der Bundeswehr diene«, beruhigt Verteidigungsminister Stoltenberg. Einsparungen auf den Gebieten Beschaffung, Infrastruktur, Aufwendungen für die Flugbereitschaft und Sozialversicherungsbeiträge für Wehrpflichtige sind laut »FAZ« vom 19. Juli gemeint, keine echten, die Substanz berührenden Abrüstungsschritte. Zudem handle es sich

nicht zuletzt um Umschichtungen auf andere Einzelpläne des Bundeshaushaltes.
Fünf Tage darauf, am 25. Juli 1990, teilt die »Süddeutsche Zeitung« aus Bonn mit, »trotz weltweiter Entspannung« will das Bundesverteidigungsministerium 1991 die neue Rekordsumme von 4,1 Milliarden Mark für Rüstungsforschung ausgeben, eine Erhöhung der Militärforschung um 69,7 Prozent seit 1982. Die Ausgaben für zivile Forschung stiegen nur um 24,7 Prozent im gleichen Zeitraum. Deutschland – Friedensland? Während Ost-Berlin 4500 Maschinenpistolen aus Altbestellungen abnehmen muß – ein schmutziges Geschäft so oder so – hält sich Bonn an die Verteidigung der westlichen Werte, an die deutsche Geisteskultur! »Mißtrauen, Mißtrauen und Mißtrauen«, hatte der deutsche Philosoph Walter Benjamin ja 1929 notiert, »in alle Verständigung zwischen den Klassen, zwischen den Völkern, zwischen den einzelnen. Und unbegrenztes Vertrauen allein in I. G. Farben und die friedliche Vervollkommnung der Luftwaffe.«
»Es gibt wenige Dinge in der Welt«, warnte Erich Fromm schon vor Jahren, »über die so viel geredet, so viel geschwindelt wird wie über den Frieden.« Also sprechen lassen, was die herrschende Rüstungslobby verbirgt? Das ist in den letzten Wochen komplizierter geworden. Die Strategieverantwortlichen sind nicht interessiert daran, vor den Dezember-Wahlen von 1990 verstanden zu werden. Nicht verstanden zu werden, das kann ihnen, glauben sie, am wenigsten anhaben. Ein verständlicher Wunsch, wenn die eigene Glaubwürdigkeit schwindet, aber unsouverän als politische Maxime. Nein, die Nordatlantische Allianz kommt nicht umhin, die dramatische Entwicklung der

osteuropäischen Völker ihrerseits auch politisch nachzuvollziehen.

Das sprechende Pferd: Die Militärbündnisse zum Zivildienst umgewandelt

Aber kann sich ein waschechtes Militärbündnis überhaupt zum Medium ziviler Politik mausern? Wie soll der Schritt von der defensiven Sicherung zur produktiven Gestaltung einer neuen Friedensordnung denn aussehen? Drei Modelle sehe ich:

1) *Das NATO-Konzept* der Ausdehnung des militärischen Bündnisses auf das Gebiet der heutigen DDR und des Beibehaltens der Doktrin des atomaren Gegenschlags. Das *NATO-Konzept* ermangelt so demonstrativ jeder politisch gestalteten Sicherheitskooperation, daß es nicht das Niveau einer konstruktiven »Antwort« auf die revolutionäre Selbstveränderung in Osteuropa erreicht. Das Bild einer NATO von Portugal bis zur Oder ist zudem von so atemberaubender Insensibilität, daß man sich verstört fragt, was hier bedrohlicher ist: die Kaltschnäuzigkeit oder die Inkompetenz dieser vor-politischen Militärvision.
2) *Das Konzept* einer »ersatzlosen *Auflösung der Bundeswehr*« und der Abschaffung auch des Zivildienstes, vertreten von der Initiative »Bundesrepublik ohne Armee« (BoA) und den Grünen.

Die pausbäckige Phantasielosigkeit der offiziellen NATO-Strategie hat zu jenem Anti-Konzept »Bundesrepublik ohne Armee« geführt, also zum gegenteiligen Extrem. Auf der anderen Seite vom Pferd fallen, ohne Rücksicht auf die sicherheitspolitische Lücke in den Köpfen der Bürger? Schocktherapie bei Leuten, die Angst haben, entsichert zu werden? Und die demobilisierten Soldaten, wo sollen sie bleiben? Gleichwohl, das Interesse an einem zivilen Europa – Kern des Entmilitarisierungskonzepts – teile ich voll und ganz. Ich nähere mich ihm eher schrittweise an, verhaltenstherapeutisch, und vor allem – nicht ohne die Armee: Dieses dritte Modell nenne ich

3) Das Konzept *»vom Militär zum europäischen Friedensdienst«*

Ich denke, die immensen Soldateneinheiten in West und Ost sollten gerade nicht abgeschafft werden, sondern sich in ihrem Richtungssinn von Grund auf neu orientieren, sicherheitspolitisch, strategisch, volkswirtschaftlich, verfassungsrechtlich und, vor allem, überlebensethisch.

Sind nicht die Nachkriegsgesellschaften ihren Bürgern endlich eine konstruktive gesamteuropäische Zielvision schuldig? Eine Perspektive, die russische wie deutsche, polnische wie englische Jungen – und Mädchen – animieren könnte, als Sozialdienstleistende in ökologischen Aufbau-Einheiten zu arbeiten? Das wäre notwendig

- in den Industrieregionen der DDR und Osteuropas
- in den sozialen Brennpunkten der reichen Gesellschaften
- und schließlich, wenn auch problematischer, in den Armutszentren der Dritten Welt.

Wir brauchen zur Verteidigung der westlichen Freiheit nicht mehr Schläge in die Tiefe des Raumes der Staaten des Warschauer Paktes, sondern beispielsweise den Aufbau der verrotteten Innenstadt von Halle durch Joint Ventures ehemaliger Soldaten beider Systeme. »Handwerker, Facharbeiter und Landwirte aus der BRD und der UdSSR sollten für drei bis achtzehn Monate im jeweils anderen Land zusammenarbeiten und unter den dortigen Bedingungen leben«, schreibt Nikolaus Huhn aus Moskau. Als deutscher Schreiner hat er den Anfang gemacht, arbeitete ein Jahr in einer Moskauer Werkstatt für Kinderspielplätze.
In Potsdam habe ich eine andere Vorwegrealisierung gesehen. Mitarbeiter der »Behutsamen Stadterneuerung«, von »Netzwerk« und »Stattbau« aus West-Berlin, ehemalige Hausbesetzer aus Kreuzberg, erfahrene Instandsetzer, kamen spontan in die zerfallene Preußenresidenz. Im Verein mit der Potsdamer Bürgerinitiative »Argus« dichten sie jetzt Fenster, stützen berstendes Mauerwerk und brüchige Wände. 600 Häuser, vom Abriß bedroht, könnten gerettet werden, wenn ... Tropfen auf heiße Steine? Ja. »Lernt euch erst mal kennen«, schreibt Nikolaus Huhn aus Moskau, »dann sehen wir mal weiter. Ran an die kleinen Brötchen.«

Mit der Armee, das historisch Neue

Freiwillige Arbeitsdienste gibt es seit langem, von »Aktion Sühnezeichen Friedensdienste« (ASF) bis zum »Freiwilligen ökologischen Jahr«. Sie alle verstehen sich als Gegensatz zur Bundeswehr. Der heute fällige europäische Friedensdienst hingegen könnte endlich, in einem paradoxen Sinn, nach-pazifistisch arbeiten, nur mit der Armee, ja, er bestünde konstitutiv aus den Dienstleistenden.

Das unselige Thema, nur eine hochgerüstete Bundeswehr könne als Friedensbewegung gelten, diese peinliche Moral-Akrobatik der Wörner-Ära, könnte nun endlich auch als Notstandslegitimation des Kalten Krieges zugegeben und damit historisch relativiert werden. Damit wäre auch der Gewissensdruck verringert, den solche zynischen Dienstanweisungen jedem sensiblen Soldaten in West und Ost bis heute bereiten.

Niemand anders als gerade die Offiziere der Bundeswehr und der Nationalen Volksarmee sind es, die schon beruflich aufs stärkste an einem neuen friedensökologischen Zielhorizont interessiert sind. Die Bundeswehr müsse erkennen, schreibt Major Hans-Joachim Reeb vom Zentrum Innere Führung, Koblenz, daß gänzlich neue Aufgaben im Dienste des Überlebens auf sie zukommen. »Angesichts wachsender grenzübergreifender Umweltprobleme wächst das Verlangen, die ungeheuren Summen für die Rüstung drastisch zu verringern«, notiert der Kieler Fregattenkapitän Karl-Friedrich Schinkel. »Die Truppen der NATO und des Warschauer Paktes behindern heute ein Volk, das innerhalb der europäischen Völkergemeinschaft mit den Nachbarn leben möchte.« Das sind Einsichten, die dem NATO-Generalsekretär noch immer nicht zugewachsen sind.

Mein Eindruck nach intensiven Diskussionen ist: Militärs, nicht die Politiker sind es, die problembewußt genug sind, die anstehende Konversion vom sogenannten negativen zum positiven Frieden zu initiieren. Sie sehen: Ein *sicherheitspolitischer Paradigmen-Wechsel* weit über das Militärische hinaus, wäre in Gang zu bringen, wenn wir noch retten wollen, was noch nicht für immer heruntergewirtschaftet worden ist. Der Ernst des unmöglich gewordenen

Militärdienstes wäre durch einen anderen Ernst des Dienstes zu ersetzen, für fünfzehn Monate. Also weiterhin ein Zeitopfer für den Staat? Wieder die fremde Ordnung einer mir weggenommenen Lebenszeit, womöglich auch jetzt mit straffem Reglement? Ich fürchte, ohne einen solchen nationalen Lebensbewahrungs- und Aufbau-Dienst werden die jungen Bürger selber kaum eine bewohnbare Zukunft mehr haben. Also weiter antizärtliche, soldatische Männerbünde, nach außen abgegrenzt, nach innen hart? Die neuen Aufbau- und Ökologie-Einheiten – das historisch Neue – würden ja unmittelbar lebensfördernd arbeiten. Lebensbewahrung, nicht Feindzerstörung heißt die Devise. Es könnte ein Dienst mit sportivem Teamgeist sein, der beschwingt, nicht mehr die hierarchische Befehlswelt des Militärs. Das freilich wird nur gelingen, wenn die eingefleischte Sozialform starrer Großverbände mit ihrem inneren Anpassungsdruck, ihrer Verrohung und Freiheitseinschränkung völlig beseitigt wird und kleine, dezentrale Arbeitsgruppen an ihre Stelle treten. Erst eine solche neue institutionelle Struktur läßt der Phantasie, dem Mitfühlen und der Solidarität den Raum, ohne die Zukunftsgestaltung nicht innovatorisch wird.
Glücklicherweise liegen hier die jahrzehntealten Erfahrungen der Friedensdienste wie die der »Aktion Sühnezeichen« vor. Sie brauchen nur angewandt zu werden.
Ich setze dabei natürlich auf den *Paradigmen-Wechsel* auch der Motivationen, auf die fundamentale Änderung der Einstellung bei den Soldaten. Jetzt, nachdem die Realisierbarkeit von Koexistenz sich jeden Tag zeigt, schwindet die Bereitschaft rapide, aus dem abstrakt gewordenen Gegensatz zum Gegner Wehrdienst zu machen. Der Zivildienst

hat immer mehr Zulauf, die Zahl der Totalverweigerer wächst. Und in der DDR will sogar jeder zweite Rekrut, der zur Zeit Grundwehrdienst macht, so schnell wie möglich zum Zivildienst umwechseln.

Die Optionen der Nachkriegszeit, sich aus der Abgrenzung vom anderen zu definieren, ex negativo also, sind nicht länger zu halten. Diese defensiv konstituierte Identität der beiden Republiken schwindet dahin. Wogegen wir zu sein hätten, das hatten uns viele Verwalter der alten, antagonistischen West-Ost-Kontestation zur Genüge eingeschärft. In den neunziger Jahren aber lassen sich unsere Ziele nicht länger nur von den Lippen der Gegner ablesen. Wissen, wofür man lebt, das könnte zu einer Frage höchster Priorität der kommenden politischen Kultur werden.

Die Umorientierung der politischen *Motivation* der Wehrpflichtigen hin zur *Überlebens-Ethik* im Rahmen des neuen Friedensdienstes, das hätte zur Folge: Das Kräftereservoir der jungen Soldaten, ihre technisch-instrumentellen Fertigkeiten, viel mehr noch aber ihre Einsatzbereitschaft, ihr Mut, ihre Abenteuerlust, das Ensemble ihrer kreativen Ideen, all das kann lebensfördernd zur Wirkung kommen, sozial schöpferisch, für das gewaltfreie Überleben der Erde. Die gegenwärtige Strategie aber, in welker Abschreckung, also das künstliche Wachhalten ständiger Angst beim Gegner sowie der Tötungsbereitschaft zu Verteidigungszwekken im eigenen Lager, noch immer die einzige, die entscheidende Motivation der Friedenssicherung, bleibt, eine solche negatorische Strategie blockiert gerade alle kreativen und positiven Energien der jungen Männer, schlimmer, sie unterbindet die bewahrenden, helfenden Impulse, die für die kommenden Erneuerungsarbeiten lebenswichtig werden.

Wenn die Entmilitarisierung kommt

Ja, es fehlt noch immer »das institutionelle Medium, über das sich internationale Politik verzivilisieren könnte« (Dieter Senghaas). *Verfassungsrechtlich* aber kann, laut Artikel 24 GG, »der Bund sich zur Wahrung des Friedens einem System kollektiver Sicherheit einordnen«. Heute nun, nachdem die alten Militärbündnisse den Frieden zu gefährden beginnen, könnten die KSZE-Staaten dafür einen neuen, überstaatlichen multilateralen Referenzrahmen abgeben, wenn nicht der Widerstand der Bush-Administration und der NATO gegen diese zivile europäische Instanz wäre.

Ein internationaler »Dienst am Planeten« jedenfalls wäre möglich. Das ist es, was der Kreisauer Kreis unter Helmuth James von Moltke als positive Friedensaufgabe eines nachhitlerischen Deutschland sich erhoffte. Der freiwillige Arbeitsdienst von Studenten, jungen Bergarbeitern und Bauernsöhnen, den der Leipziger Rechtsprofessor Eugen Rosenstock-Huessy entscheidende Jahre vor Hitlers unfreiwilligem »Reichsarbeitsdienst« zustande brachte, das faszinierte den jungen Moltke. Im Berghaus, einen halben Kilometer oberhalb des Kreisauer Landgutes, entwarf Graf Moltke mit York von Wartenburg, Reichwein, Delp, Leber und anderen Männern des 20. Juli 1944 dann die Pläne für ein »besseres Deutschland«, das nicht mehr auf die Kraft seiner Armeen setzt.

Bundeskanzler Kohl und der polnische Regierungschef Mazowiecki nutzten die Symbolik des Ortes, als sie sich im November 1989 in Kreisau umarmten. Eindringlicher wäre gewesen, nicht nur äußerlich, polit-konsumistisch, die Aura des Kreisauer Namens für die eigenen Zwecke zu nutzen, sondern das Kreisauer Programm eines post-militärischen Deutschlands inhaltlich einzulösen. So weit aber sollte die Erinnerung des Bundeskanzlers nicht gehen. Geradezu unverfroren jedoch nutzte der DDR-Minister Rainer Eppelmann den 20. Juli 1990, um die Nationale Volksarmee in die Tradition »der Männer des militärischen Widerstands gegen die nationalsozialistische Diktatur« zu mogeln (Neuformulierung der Eidesformel). Die Erinnerung an den Lehrer der Kreisauer, und an Eugen Rosenstock-Huessys Arbeitsdienste im vorhitlerischen Schlesien – welcher Minister oder Kanzler wird sich diesem deutschen Erbe stellen?

Würde *sicherheitspolitisch* eine gefährliche Lücke entstehen, wenn die Bundeswehr bis in die Grundfesten abrüstet? Wenn sie nicht nur ihren Bestand halbiert (Brandt/Ehmke-Vorschlag), die Dienstzeit dem dänisch-schwedischen Muster (neun Monate Grundwehrdienst) angleicht oder ihre Stärke nach dem Maßstab struktureller Angriffsunfähigkeit reduziert, sondern – dimensional unterschieden von all solchen äußeren Betriebsrationalisierungen – tatsächlich von innen her in nicht-militärische Verbände übergeht?

Ich nehme die Bedenken ernst. Für eine Übergangszeit könnten jedoch anstelle der hochtechnisierten, schwerbeweglichen Verbände der jetzigen Bundeswehr zumindest die kleinen Techno-Kommandos treten, die Major Afheldt unter der Ägide Carl Friedrich von Weizsäckers als strikt defensives, dezentrales Verteidigungssystem projektiert hat, im Verbund mit den Taktiken der Sozialen Verteidigung. Beides ist seit Jahren bekannt, von Bundeswehroffizieren diskutiert, aber eben der Mehrheit der Parlamentarier fremd, wie das, was in Brüssel und Washington nicht sein darf.

Volkswirtschaftlich würde die Umstellung des Militärs auf Zivildienst eine gigantische Kostenersparnis erbringen. Während die jährlichen Ausbildungskosten für einen einzigen Bundeswehrsoldaten 100 000 Mark übersteigen, brauchen die Dienstleistenden bei Aktion Sühnezeichen nur 15 000 Mark pro Jahr für Ausbildung, Betreuung und Reisen zu ihren Einsatzorten in israelisch-arabischen Gemeinschaftsinitiativen, in Behindertenwerkstätten in Polen oder in den Slums an der 63. Straße Chicago-Westside.
Und die Viertelmillion Zivilpersonal, die dem Militär in der Bundesrepublik zuarbeitet, von den immensen Summen für fremde Truppen in unseren Kasernen einmal abgesehen? Die 380 000 Russen, aber auch die Massen von Engländern, Amerikanern, Belgiern und Holländern könnten unverzüglich abziehen, wenn die immensen Stationierungskosten umgewandelt werden in Wohnbauhilfe und Arbeitsplatzausbau für die rückkehrenden Soldaten. Auch für die Konversion von Rüstungsindustrie in High-Tech-Zivilproduktion liegen gesamtwirtschaftlich profitable Strategien auf dem Tisch. 53,9 Milliarden Mark fürs Militär im laufenden Jahr? – Weit über 30 Milliarden Mark aus diesem Finanzvolumen könnten in einem einzigen Jahr für die Lebensförderung Europas arbeiten, wenn die Entmilitarisierung kommt.
Und, hatten wir vor Jahren nicht schon im Bericht der Nord-Süd-Kommission gelesen, ein Leopard-II-Panzer, das bedeutet: 1000 Klassenräume für 30 000 Schüler weniger. Ein Kampfflugzeug der Bundeswehr – die Kosten dafür würden reichen, über 30 000 Dorfapotheken in der Dritten Welt auszurüsten.

Die Verteidigung der freiheitlichen Lebenswelt in ihren sozialen, ökologischen Institutionen – nicht mehr an ihren äußeren Grenzen

Inside darkest Germany

Vom Militärdienst zum ökologischen Friedensdienst – das Konzept trägt nur der neuen politischen Realdynamik Rechnung, ist pragmatisch begründet, längst nicht mehr utopisch. Als These formuliert: Die Gefährdung der Völker in Europa kommt heute nicht mehr primär von außen, durch Panzerarmeen, sondern von innen, durch die zunehmende industrielle Gefährdung der Lebenswelt. Gifte in unserer Luft, im Wasser und in unseren Speisen – mit der Zerstörung der *äußeren* Natur wächst jedoch, erst allmählich sichtbar, auch die Bedrohung der *inneren* Natur, die zunehmende Verlassenheitserfahrung vieler Menschen. Das Schwinden verläßlicher Beziehungen, die innere Ungeborgenheit wird ja nicht von außen, von den vielzitierten Terroristen, von Drogen-Kartellen, Aids-Wellen oder von irgendwelchen östlichen oder – das Neueste – islamischen Feinden unserer Ordnung angerichtet. Es ist die von uns selbst vorangetriebene Dynamik des expansiven Wachstums, des teuflischen Fortschritts, die, einmal losgelassen, heute auf uns zurückschlägt.

Die großen Techno-Systeme zerreißen ja das Netz sozialer Beziehungen der Menschen. Sie werfen den einzelnen auf sich selbst zurück und treiben ihn so in den Konsum von Dingen, der ihn das Fehlen von menschlichen Beziehungen verschmerzen lassen soll. Immer häufiger stoße ich auch bei Jüngeren auf Verlust von Tatkraft, Erlebnis- und Beziehungsfähigkeit auf der einen Seite. Und auf der anderen:

Insensibilität für Leiden anderer, fideler Zynismus, Schnuppezismus – alles schnuppe –, mögen die Klamotten auch immer bunter und flirriger werden. Zunehmende Kälte, das Nachlassen der Solidarität, das ist heute keine Privatproblematik des einzelnen mehr. Solidaritätsschwund infolge narzißtischer Entleerung, das trifft den Nerv des politischen Gemeinwesens.

Die Daten der Psychiatrie-Enquête der Bundesregierung enthüllten schon im Herbst 1975 einen nahezu katastrophalen sozial-medizinischen Befund. Elf Millionen Menschen, also jeder fünfte Bundesbürger, waren damals bereits in eine seelische Konfliktlage geraten und dringend hilfsbedürftig. Beratungsstellen, Bildungseinrichtungen, vorbeugende Hilfsmaßnahmen auf allen Ebenen – dazu stellte diese Republik nur dürftige Erste-Hilfe-Mittel bereit. Eine Lawine neuer Sozialtherapie-Kosten kommt auf die Volkswirtschaft zu, wenn nicht ein Netz breitgefächerter neuer Sozialdienste gespannt wird.

Im ersten großen »Armutsbericht« des Deutschen Paritätischen Wohlfahrtsverbandes (DPWV) vom November 1989 lese ich, daß sechs Millionen Menschen in der Bundesrepublik als arm einzustufen sind, also jeder zehnte Bürger. Seit 1980 ist die Zahl der Sozialhilfeempfänger um 46 Prozent auf 3,1 Millionen angestiegen. Ich höre, daß 22 Prozent der Säuglinge und Kindergartenkinder in unserem Land Schädigungen und Entwicklungsstörungen aufweisen, die Gelder für eine effektive Frühbehandlung jedoch den staatlichen Sparmaßnahmen zum Opfer gefallen sind.

Langsam erst, berichtet das Adolf-Grimme-Institut, erkennen die Bildungspolitiker die Nöte von zwei Millionen Analphabeten in der Bundesrepublik. Herzchirurgen kla-

gen über zuwenig Operationsmöglichkeiten. Diese Finanzierungslücken werden nicht geschlossen. Das soziale System unseres Landes ist unterversorgt.
Ich frage mich: Dienen die Anstrengungen von Sozial- und Gesundheitsministern gegen das Anwachsen schwerer gesundheitlicher Schäden und sozialer Konflikte in der Bevölkerung langfristig nicht eher einer Sicherung des Friedens? Beseitigung der Unfriedensverhältnisse im Sozialgefüge unseres Landes – wäre das nicht die zentrale Aufgabe einer neuen gewaltfreien Politik der Entspannung? Können – langfristig – neue Arbeitsplätze, Gesundheitsförderung, psychosoziale Beratungsstellen, neue Jugendzentren und Bildungsaufgaben für alle Bürger diesen Staat nicht mit weniger Aufwand ungleich sicherer machen als Rüstungsprojekte mit nochmals erhöhter Vernichtungskapazität? Die *Verteidigung unserer Demokratie in ihren sozialen, ökologischen und kulturellen* – nicht mehr in ihren äußeren – *Grenzen* – scheint mir die Aufgabe der nächsten Jahre zu werden.
Ich möchte festhalten: Was durch die äußeren politischen Umstände, durch die institutionellen Strukturen verletzt wird, das kann auch nur dort, nämlich struktur-politisch, geheilt werden. Durch eine menschenfreundlichere Veränderung dieser krankmachenden Technik- und Politikstrukturen.
Zunehmende Verlassenheit bei materiell wohl Abgesicherten? Kein Wunder, daß Vertreter staatlicher Politik von den Bürgern Dankbarkeit verlangen, von Kirchen, Medien und Bildungseinrichtungen primär Optimismus, nicht aber politische Aufklärung. Verständlich, daß sie dringend nach der Neuorientierung des privaten Raumes fragen, weil sie ihn ja so gründlich durch ihre Politik entsichert haben.

Nichts ist zu sagen gegen Lebensorientierung in Schulräumen, Gemeindesälen, auf dem Bildschirm. Die Frage ist nur, auf wessen Kosten und in wessen Dienst. Es muß psychosoziale Hilfe geleistet werden, in größtem Umfang, ja. Fraglich ist nur die falsche Fürsorge-Vorstellung, die den Bürger durch Lebenshilfe wieder da hinein integrieren will, woraus er ja gerade durch Krankheit oder durch andere Schritte der Selbstdistanzierung gegangen ist.

Wer an öffentlicher Kälte leidet, wird vom Sozialstaat allzuschnell als therapiebedürftig erklärt, während doch, bei Licht besehen, das Empfinden für ungerechte Politik und die Zivilcourage, dagegen anzugehen, gerade ein Zeichen von unzerstörter politischer Stärke, also ein Symptom von Gesundheit, ist.

Ja, das Gefühl der Ohnmacht und der Verlassenheit wird in den reichen Gesellschaften immer größer. Aber dieser Hilfsbedürftigkeit ist von seiten des Staates langfristig nicht karitativ, qua Lebenshilfe, beizukommen, sondern zunächst mit der Ermöglichung echter, realer Teilhabe an den öffentlichen Entscheidungsprozessen, durch tatsächlichen Zugang zu den gesellschaftlich erwirtschafteten Reichtümern. Wenn Millionen Bürger – Kinderreiche, Ältere und Jugendliche vor allem – auf das Armutsniveau absinken, dann ist darauf wohl primär nicht mit Tröstungen von oben, von außen, zu antworten, sondern mit einer *alternativen Friedenspolitik nach innen*. Und diese ist es, die ohne den breitgefächerten Einsatz eines sozial-ökologischen Friedensdienstes nicht zu bewerkstelligen ist. Nur mit Hilfe einer solchen »Heimatarmee« neuer Qualität kann es den Politikverantwortlichen vielleicht gelingen, die Lebenswelt der ihnen anvertrauten Bürger so freundlich zu

gestalten, daß das Bedürfnis nach Lebenshilfe weniger massenhaft auftritt.
Wo sollen die Soldaten hin, wenn sie demobilisiert werden? *Arbeitsmarktstrategisch* sehe ich hier, in einer neuen Friedenspolitik nach innen, eine mögliche Lösung: *im Ausbau der sozialen Dienste.* Erst eine um das Dreifache erhöhte Zahl von Pflegern mit hoher Fachqualifizierung, erst die Verdopplung von Krisenberatungs- und Prophylaxe-Stellen könnte, auf lange Sicht, die gesellschaftlich verursachten Leiden verringern. Erst eine dreifach höhere Zahl von Erziehern könnte die Chancengleichheit der Kinder und Jugendlichen in der Bundesrepublik ermöglichen.
Schon jetzt ist es evident: Ohne die Zivildienstleistenden würden die sozialen Dienste zusammenbrechen. Gäbe es nicht die billigen »Zivis«, dann gäbe es keine ausreichende Betreuung der Schwerstbehinderten, dann wüchsen die Kosten im Sozial- und Gesundheitswesen ins Unermeßliche. Jeder neunte tauglich Gemusterte zieht heute in der BRD statt in Kasernen in Krankenhäuser, Pflegeheime und Rettungswachen. Nahezu 100 000 »Zivis« fahren derzeit Essen aus, waschen alte Menschen, begleiten Sterbende, ohne dafür – und das ist das erste Manko – angemessen ausgebildet zu werden. Am 10. Februar dieses Jahres – nur ein Beispiel – starb auf der B 402 bei Haselünne ein Mensch, weil keiner der beiden Zivildienstleistenden des Noteinsatzwagens zum Rettungssanitäter ausgebildet worden war. Mit dem Plastikschlauch für die Notinkubation konnten die beiden Männer nicht umgehen. Hat man jemals gehört, daß ein Panzerfahrer die Einstiegsluke in sein Fahrzeug nicht kannte? Fliegen unsere Piloten noch die Ju 52?

Gleichwertige Fachqualifizierung der Zivildienstleistenden ist angesichts der lebensgefährlichen Arbeit eine erste, quasi technische Minimalnotwendigkeit. Die bürgerrechtliche Minderbehandlung der Militärverweigerer als »Ersatz«-Dienstleistende ist aber vor allem deshalb längst überholt, weil das freiheitliche System eben nicht mehr an den äußeren Grenzen gefährdet ist, sondern innen, in seinen sozialen Institutionen. »Das Schwache ist in die Feuerzone gerückt«, hatte Ingeborg Bachmann uns schon früh gesagt. Da unser System primär innen »gesichert« werden muß, ist die staatspolitische Aufwertung der bisherigen Ersatzdienstler zum primären Friedensdienst die schlichte Folge. Diese Neuqualifizierung entspricht schließlich – drittens – nur dem rapide sich wandelnden Prestige, der völlig veränderten öffentlichen Einschätzung von Bundeswehr einerseits und von Zivildienst andererseits. Während das Prestige der Bundeswehr kontinuierlich sinkt, steigt die Achtung vor gesellschaftlicher Arbeit der »Zivis«. Einen Schwerbehinderten auf die Toilette zu bringen, verlangt in den Augen vieler Bürger eben mehr Einsatzbereitschaft als die soldatische Tapferkeit vor dem Feind. Soziales Engagement gilt mehr als martialische Tugenden. Ein Wandel im Lebensgefühl zeichnet sich ab: Im Zivildienst der jungen Männer nehmen viele Menschen zu Recht einen Kulturversuch der Sympathie war, der sich auf Verstehen gründet und auf Mitgefühl. Und einen Versuch, der mit dem individualistischen Lebenskonzept der heute dominanten Kultur als pro-soziale Gegenkraft kontrastiert. Selbstbezogenheit und angstbedingtes Sicherheitsstreben, dieser alles prägende Sozialcharakter der Nachkriegs-Kultur, verhindert aber, von der ursprünglichen Fähigkeit des Menschen zum Mitfühlen, Mitleiden und Mitfreuen auszugehen. Die mit dem Potential der Sympathie verbundenen Chancen konnten nie hinreichend begriffen werden, solange sie nur als private Gefühlsmöglichkeiten des einzelnen Menschen zum Zuge kommen durften.

Nun aber versuchen immer mehr junge Männer Mitfühlen, Mitleiden und Mitfreuen nicht nur als privaten Lebensstil. Sie fordern das Sympathie-Prinzip auch als neue Dynamik einer realistischen Völker-Politik. Wie schon erwähnt: Jeder zweite Rekrut, der zur Zeit in der DDR-Armee Grundwehrdienst ableistet, will Zivildienst leisten, teilt das Ostberliner Ministerium mit. Diese Zivil-Armee von drüben kommt hinzu zu den über 950 000 Zivildienstlern, die in der Bundesrepublik existieren.

Zum ersten Mal in der deutschen Nachkriegsgeschichte wird damit der Kultur-Konflikt zwischen Macht- und Sympathie-Prinzip über die innenpolitische Ebene hinaus auf die entscheidende letzte, auf die internationale friedenspolitische Ebene, voranbefördert.

Der schnelle Ausbau der sozialen Dienste, eine alternative Friedens- und Lebenssicherheits-Politik nach innen ist nun, nach der Verkürzung des Wehr- und Zivildienstes, plötzlich zum Überlebensdesiderat für viele kranke, alte und hilfsbedürftige Bürger geworden. Denn die kommende Dienstzeitverkürzung bei den »Zivis« erzeugt Knall auf Fall einen Personalrückgang um mindestens 25 Prozent. Die Folgen: Die Betreuung im 24-Stunden-Schichtdienst – nicht nur für Behinderte lebenswichtig – ist nicht mehr möglich. Das Vertrauensverhältnis zwischen Hilfsbedürftigen und Zivildiensthelfern kann – bei der nun eintretenden hohen Fluktuation – nicht mehr so wie bisher aufgebaut werden. Die Wohlfahrtsverbände und die diakonisch-karitativen Anstalten fühlen sich allein gelassen. Der Staat, der sich bei der Verbesserung der Waffensysteme und bei der Militärqualifikation der Soldaten momentan so überaus pflichteifrig zeigt wie noch nie in der Nachkriegsgeschichte – er hatte nicht einmal die Zeit, die elementarsten Schäden zu bedenken, die seine hilfsbedürftigen Bürger durch die neue Militärpolitik erleiden. Als erste Notmaßnahmen wären schnelle Übergangsschritte für Militärdienstleistende zum Zivildienst nötig:

- Sofortige bessere Qualifizierung bzw. Fachausbildung in Sozialhilfe-Bereichen für die Zivildienstleistenden
- gleiche Dauer für Wehr- und Zivildienst
- Schaffung von finanziellen und berufsbezogenen Anreizen für den Sozialdienst
- Freigabe des Zivildienstes im kulturellen und pädagogischen Bereich
- Ermöglichung des Zivildienstes auch in der DDR und im Ausland
- Abschaffung jeglicher Gewissensprüfung für Militärverweigerer

Friedensdienst für sich selbst

Der Neuausbau der pädagogischen und therapeutischen Sektoren wäre nicht nur *konjunkturpolitisch* wertschauend. Auch *psychologisch* wäre eine Kosten-Nutzen-Rechnung angebracht: Kranke pflegen, mit allen Scheußlichkeiten, Sterbende begleiten – wer das tut, lernt auch mit der eigenen Sterblichkeit umzugehen. Tod als Teil des Lebens erleben, das kann eine frühe Kur sein gegen Allmachtswahn und Macher-Allüren. Leidende bei ihren Niederlagen erleben – in Würde, in Panik – das kann jüngeren Männern dazu verhelfen, selber erwachsener zu leben. Anderen helfen, andere vor der Selbstzerstörung bewahren, damit helfen die Helfer auch sich selbst. Sich kümmern um andere und um sich selbst, das fällt bei diesem sozialen Friedensdienst gerade nicht auseinander. Die Ohnmacht des Auf-den-Tod-hin-Lebens umzuwandeln zu einem Vom-Tode-her-Leben, auch dazu kann der Umgang mit Leidenden führen. Abschiedsbewußter zu leben und daher lebensvoll – das sind Fähigkeiten, die, früh eingeübt, vielleicht dazu führen, das eigene Alter und, schon jetzt, die Krisen der mittleren Jahre, das Verlassenwerden, erwachsener zu bestehen, mit persönlichen Niederlagen weniger narzißtisch umzugehen als wir Zeitgenossen.

Unser Mann in La Paz?
Vor kurzem habe ich streunende Kinder in La Paz gesehen. Sie kamen vom spanischen Friedhof herüber, barfuß. Dort, in den Familiengrabmälern der alten Kolonialfamilien hausen sie. Als sie näher kamen, sah ich, daß das Weiß in ihren Augen gelb war.
Alles, was sie besitzen, tragen sie am Körper. Ich sah ein Mädchen, das in der Mittagshitze drei dicke Wolljacken übereinander trug. Die Nächte in den Grabhöhlen sind jetzt kalt. Dreitausendachthundert Meter hoch liegt die Hauptstadt Boliviens. Die Kinder stolpern die Avenida Yupanqui hoch. Sollte ich mich ihnen in den Weg stellen, in meinem schlechten Spanisch stammeln: Kommt mit mir rüber in das Kinderhaus von »San Gabriel«? Man wird euch zu essen geben. Der Arzt verbindet euch. Die Kinder hielten nicht an. Sie gingen durch mich hindurch wie durch Luft.

Der Arzt, ein junger Deutscher, hat das Kinderhaus mit aufgebaut. Die streunenden Kleinen halfen ihm. Sie haben ein Kinderparlament gegründet, verwalten sich selbst, gut 180 Halbwüchsige. Der Arzt will nicht so schnell zurück. Er hat das Gefühl, etwas Sinnvolles zu tun. Ein Tropfen auf den heißen Stein, ja. Aber er ist beeindruckt von der Gemeinschaft, die die Kinder versuchen, in der auch er lebt, sich wohl fühlt. Ich denke an diesen Arzt, wenn von der Dienstpflicht junger Deutscher in der Dritten Welt die Rede ist.
Von Fachleuten höre ich: Kleine Pioniereinheiten aus der Bundesrepublik können hier beim Bau von Brunnen, Schulen, polytechnischen Werkstätten und Gesundheitszentren eine Sozialarbeit mit hoher Signalwirkung leisten. Wer sie belächelt, ist ein Sklave des schnellen Erfolgs, sagt mir ein Ingenieur-Student aus Tuttlingen, der für sechs Monate in einer bolivianischen Kooperative arbeitet. Wie heißt das jüdische Sprichwort, das mein Freund nicht vergessen mag, weil es so gefährlich mißverstanden werden kann? »Rettung«, zitiert er, »ist auch in der kleinsten Unterbrechung der Katastrophe.«
Entwicklungsdienst in der Dritten Welt? Belächelt, als Weltverbesserer verspöttelt, haben seit Dezember 1983 über 10 000 Deutsche, in den meisten Fällen auf eigene Rechnung, in Nicaragua Schulen gebaut, Krankenhäuser errichtet, Wasserbauprojekte initiiert, für Strom gesorgt. Bis zu 80 Millionen Dollar jährlich umfaßt diese nichtstaatliche Entwicklungshilfe. Eine strukturell effektive Hilfe, wenn man bedenkt, daß Nicaraguas gesamter Exporterlös jährlich nicht mehr als 25 Millionen Dollar beträgt.
Der neue Zivildienst in der Dritten Welt? Er ist auch

deshalb unerläßlich, weil man die Kinder von La Paz nicht vergessen wird. Zurückgekommen, werden die inneren Bilder jeden Dienstleistenden begleiten. Sie und nichts sonst werden in Zukunft, fürchte ich, verhindern können, daß die Länder des armen Südens ins Dunkle wegsinken, endgültig.

Krieger, denk mal

In diesen offenen Zeiten hat nun auch der oberste Dienstherr der Bundeswehr einen bedeutenden Schritt hin auf eine europäische Friedensordnung gemacht: sein Milliardenprogramm »Kaserne 2000«. Die Soldaten, heißt es, sollen angenehmer wohnen. Für die Wehrpflichtigen stehen künftig 6,75 Quadratmeter statt bisher 4,5 Quadratmeter Wohnraum zur Verfügung, mit einer Naßzelle. Ein Konzept, das sich auf 15 Jahre erstreckt, mit einem Aufwand von mindestens sechs Milliarden Mark.

Ich bin sehr für den Einbau eigener Naßzellen in Wohneinheiten junger Soldaten, zumal wieder einmal die Überlegenheit des Westens über das östliche System dokumentiert wird: In Leipzig gehen der städtischen Altenpflege inzwischen die Hygienemittel aus: keine Mullbinden mehr, keine Seife, keine Spritzen, keine Gummihandschuhe. Im Alters- und Pflegeheim »Waldstraße« tauchen Ratten auf. 431 alte Menschen in unerträglichen Wohnungen, lese ich (»Stern«, 3. Mai 1990). In den insgesamt 28 Einrichtungen der Leipziger Altenhilfe ist das Ende der Zivilisation in Sicht. In Polen, Rumänien, in Armenien – überall katastrophale sozialmedizinische Befunde. Dagegen hilft wahrlich nur eine gewaltige Naßzellen-Aufrüstung, das Aufmöbeln der Kasernen zwischen Flensburg und Sonthofen. Es sind ja nur ganze 400 Millionen Mark aus unseren Steuergeldern, die der Bund im Jahr 1990 dafür ausgibt. Der Verband der Krankenhausdirektoren in der Bundesrepublik geht davon aus, daß ein Drittel der 150 000 Betten in den 450 DDR-Kliniken nicht mehr sanierungsfähig ist. Ja, daß auch die elementarste medizinische Versorgung der Patienten drüben lebensgefährlich bedroht ist. Mittel in Höhe von 30 Milliarden seien erforderlich, um das Gesundheitssystem der DDR auf das westdeutsche Niveau zu bringen, erklärt eben Michael Herrler, der Sprecher der bundesdeutschen Klinikdirektoren. Es ist just jener Betrag, der frei würde, wenn die Bundeswehr entmilitarisiert wird. 14. August 1990 – der irakische Überfall auf Kuwait, die Gegen-Invasion der USA – der arabische Fundamentalismus als neuer Feind auch der NATO? Öffnung der Tür zur Dritten Welt für die Bundeswehr? Wie stellt sich mein Konzept einer europäischen Zivil-Truppe jetzt dar?

Deutsche an die Front? Deutschland als zivile Weltmacht

»Wer keine Feinde hat, kann Streitkräfte und Rüstungen abbauen«, schreibt Karsten D. Voigt, der außenpolitische Sprecher der SPD-Bundestagsfraktion in diesem Band. Über Nacht aber wurden Anfang August 1990 den Deutschen neue Feindzuweisungen zuteil. Der Einbruch des irakischen Diktators Saddam Hussein in das Ölscheichtum Kuwait gefährdet das Lebensinteresse der USA am Persischen Golf empfindlich. Die USA importierten »fast die Hälfte des Öls« aus dem Irak, erklärte Präsident Bush in seiner Fernsehansprache am 8. August seinen Entschluß,

mit Militärgewalt am Golf zu intervenieren. Bush verglich Hussein im gleichen Atemzug mit Hitler, um die Aufstellung einer multinationalen Streitmacht zu legitimieren. Sie soll den amerikanischen Zugriff zum Nahostöl erzwingen und die Golfregion dem überregionalen Krisenmanagement der westlichen Allianz unterwerfen. Ein marktpolitisch verständlicher Coup, da es auch der jetzigen Regierung in Washington nicht gelungen ist, eine verantwortungsvolle Energiepolitik in den USA in die Wege zu leiten.
Der Energieverbrauch hat sich zwar seit den siebziger Jahren leicht verringert, die Abhängigkeit der USA vom Importöl konnte jedoch nicht verringert werden. Mexiko liefert bereits elf Prozent des amerikanischen Rohöls, Venezuela hat eine Steigerung der Produktion um 500000 Barrel angekündigt, was noch immer nicht einmal die Hälfte des kuwaitischen Ausstoßes von 1,6 Millionen Barrel ersetzen würde, ganz zu schweigen von den täglich aus dem Irak importierten 2,8 Millionen Barrel.
Die fahr-, heiz- und kühlbesessene amerikanische Gesellschaft konnte seit Carter von keiner Administration zum sparsameren Umgang mit Energie gebracht werden. Im Gegenteil, die achtziger Jahre haben den total befreiten Ölmarkt gebracht, nicht die von den Experten geforderte Energieverbrauchssteuer.
Den irakischen Überfall auf Kuwait haben die Ölkonzerne geschickt dazu genutzt, die Benzinpreise im sommerlichen Amerika hochzuschrauben. Die Bürger, die plötzlich einen Ölpreiszuschlag zahlen müssen, um ihr Flugticket nach Hause bezahlen zu können, sind entsprechend bedenkenloser bereit, eine Militäraktion ihrer Exekutive im Lande des Preistreibers zu billigen.

Gänzlich anders sieht die Situation in der Bundesrepublik aus. Sie bezieht den Großteil ihres Öls aus der Nordsee und aus Libyen. Husseins Annexion der kuwaitischen Ölfelder bedroht keineswegs die Verbraucherinteressen hierzulande. Für »Entlastungseinsätze« der Bundesmarine im Mittelmeer gibt es keine interessenpolitische Notwendigkeit. Soll Deutschland sich aus der neuen Nahostkrise also strikt heraushalten?

Die neue Weltfriedensverantwortung Deutschlands

Die Ereignisse des letzten Jahres haben Deutschland in eine nie gekannte wirtschaftliche, militärische und politische Machtposition in Europa gebracht. Das bedeutet jedoch auch eine neue Weltfriedensverantwortung. Stillhaltendes Vermeidungshandeln wird dieser neuen Verantwortung nicht gerecht. Ebensowenig aber auch die blinde Gefolgschaftstreue gegenüber dem großen atlantischen Partner. Das vereinte Deutschland muß vielmehr als entschieden zivile Weltmacht in Aktion treten. Konstruktive Beiträge sind gerade im Nahostbereich dringend gefragt, damit jetzt, nach der Einebnung des Systemgegensatzes West – Ost der arabische Fundamentalismus nicht als neues Feindbild »hergerichtet« wird.

Das Schwergewicht der US-Präsenz in Europa wird bereits nach Süden verlagert. Nach dem Wahlsieg der Konservativen in Griechenland unterzeichnete der neue Ministerpräsident Konstantinos Mitsotakis im Juli 1990 das »Verteidigungs- und Wirtschaftsübereinkommen« (DECA) mit Washington. Mit einem Aufwand von 350 Millionen Dollar wird nun Kreta als unversenkbarer Flugzeugträger der USA ausgebaut, um die Schlagkraft gegenüber dem Nahen Osten und der nordafrikanischen Zielregion zu erhöhen.

Die erste Chance nach der Ost-West-Entspannung, der UNO die multinationale Schutzaufgabe in der Welt einzuräumen, haben die USA mit ihrer nationalen Militärinvasion in Arabien verspielt. Die Nordatlantische Verteidigungsallianz wird dabei von den Vereinigten Staaten, im Widerspruch zu ihrer verfassungsrechtlichen Bestimmung, immer stärker außerhalb des NATO-Schutzbereiches, nämlich in der »Dritten Welt«, in militärische Aktionen hineingezogen. Das Starten von US-Kampfflugzeugen von Basen in der Bundesrepublik aus, das Überfliegen unseres Landes zu Kriegszwecken, macht Deutschland moralisch und friedenspolitisch mitverantwortlich für die weitere Destabilisierung der Golfregion durch westliche Truppen, auch wenn das bilaterale Unterstützungsabkommen von 1982 (War Time Host Nation Support Agreement) die Rechtsbasis solcher »War-Time«-Aktivitäten abgäbe.
Die Weltfriedensverantwortung des neuen Deutschland könnte, angesichts der Nahostkrise, statt dessen in folgenden Schritten wahrgenommen werden:

1) Der Überfall des Irak auf Kuwait und alle folgenden Aggressionen sollten als Verstoß gegen das Völkerrecht deutlich gemacht werden. Deutschland bemüht sich gleichwohl als permanenter Streitschlichter zwischen den konfligierenden Mächten, um der Militarisierung des Konfliktes entschlossen entgegenzuwirken.
   Ein zweites Ziel wäre, die Konfliktlösung innerhalb der Krisenregion selbst zustande zu bringen. Im konkreten Fall: Die Krise im Nahen Osten muß von den Staaten der Region gelöst werden, im Gegensatz zur neokolonialen Einmischung.

2) Das zivile Mittel des Wirtschaftsembargos gegenüber einem Aggressor wird voll beherzigt. Einer militärischen Intervention unter Beteiligung eigener Truppen muß jedoch entschieden widerstanden werden. Deutsche Soldaten in den Nahen Osten oder gegen andere, neu projizierte Feinde zu schicken, wäre verfassungswidrig. »Außer zur Verteidigung«, heißt es in Artikel 87 a des Grundgesetzes, »dürfen die Streitkräfte nur eingesetzt werden, soweit das Grundgesetz dies ausdrücklich zuläßt.« Sogenannte »Entlastungseinsätze« der Bundesmarine im Mittelmeer – das Stoltenberg-Konzept – bedeuten per definitionem eine Billigung gewaltsamer Konfliktlösungspraktiken und widersprechen als solche dem Geist der Verfassung.

3) Militärinterventionen des Bündnispartners mit eigenem Beitrag zu unterstützen, wäre zudem politisch unklug. Schon das Einfliegen amerikanischer Truppen in Saudi-Arabien verschaffte dem irakischen Diktator Mitte August 1990 eine massive Unterstützung in den arabischen Ländern. Alle Fundamentalisten Arabiens sehen sich nun im Heiligen Krieg gegen den ausländischen Eindringling.

4) Deutsche Politik hat gerade dieser geschlossenen Frontbildung der arabischen Nationen sensibel entgegenzuwirken, weil sie die Zukunft Israels stärker bedrohen würde als alle bisherigen panarabischen Zusammenschlüsse.

5) Die Fortentwicklung von UNO-Friedenstruppen zu effektiven Instrumenten der Kriegsbeendigung und -verhütung sollte ein elementares Ziel deutscher Außenpolitik werden. Nur eine starke friedenspolizeiliche Eingreiftruppe der Weltorganisation würde auch die USA befreien aus ihrer unglückseligen Rolle eines selbsternannten Weltpolizisten außerhalb von Völkerrecht und Humanität.
Ebenso könnten in Europa KSZE-Friedenstruppen mit polizeilicher Sanktionsgewalt die Rolle der alleinigen Konfliktlösungsinstanzen einnehmen. Und das bei zwischenstaatlichen ebenso wie bei grenzüberschreitenden Nationalitäts-Streitfällen. Nur so würden die beiden bisherigen Militärbündnisse aus ihrer Rolle befreit, den inneren Frieden in Europa durch Niederrüsten der anderen vorzubereiten. Wenn Deutschland solchen KSZE-Friedenstruppen die Sicherheitsverantwortung übertrüge, könnte es zu einer Umwandlung der NATO vom atomaren zum politischen Völkerbündnis auf dem alten Kontinent kommen.
Ohne solche Zukunftsarbeit werden wir noch jahrelang die 370000 Mann lustloser Soldaten ohne Sinn und Ziel durchschleppen, bis eine weise Politik diese Söhne des Vaterlands zum Frieden freisetzt.

6) Die »Entlastungseinsätze« der Bundesmarine im Mittelmeer erscheinen erst recht als Groteske eines dilettantischen Verteidigungsministers, wenn man sich dem Faktum stellt, daß die gleiche Bundesregierung es war, die Saddam Hussein mit Waffen, Technologie und Giftgas versorgte. Alle Bundesregierungen seit Helmut

Schmidts Amtsperiode in den siebziger Jahren versorgten den Irak mit just den Tötungsmaschinen, deren Einsatz man heute plötzlich anprangert, mit dem handelsüblichen Zynismus. Ohne die Waffen aus der EG und der UdSSR gäbe es die irakische Kriegsmaschine heute nicht. Bagdads wichtigster Partner im Rüstungsgeschäft war die bundesdeutsche Wirtschaft, unter den Augen der Bonner Koalition. »Bei der Herstellung von Chemiewaffen und biologischen Kampfstoffen, beim Bau von Kanonen und Raketen oder bei der Entwicklung einer irakischen Atombombe«, summiert Andreas Zumach die neuen Presse-Enthüllungen, »überall waren und sind bundesdeutsche Firmen führend beteiligt.« (»TAZ«, 6. August 1990)
Daraus folgt als sofortige Konsequenz: Einstellung aller Rüstungsexporte in den Nahen Osten und alle weiteren Konfliktgebiete. Als zweiter Schritt wären Verfahren gegen all diejenigen Mitwisser, Nebenbeteiligten und Hauptverantwortlichen der Siemens AG, der MAN, der Ruhrgas AG, der Bielefelder Projecta GmbH, der münsterländischen Firma H + H, der MBB und last not least der zuständigen Behördenvertreter einzuleiten, damit wenigstens in einigen wenigen Fällen Recht gesprochen wird über diejenigen, die zur Beihilfe am Tod so vieler Namenloser in der Dritten Welt bereit sind.

7) Wenn der Nahe Osten für NATO und Warschauer Pakt zur neuen Front wird, dann werden die wirklichen Verlierer die Länder der Dritten Welt. Wie schon nach der ersten Ölkrise vom Herbst 1973 müßten die ärmsten Länder ihre knappen Devisen wieder für teures Öl

ausgeben. Der Schuldenberg würde einen neuen Höchststand erreichen. Eine endzeitliche Katastrophe an Armutstoten wäre in Sicht.

So gesehen, ist die wichtigste Weltfriedensaufgabe für ein vereintes, wirtschaftlich erstarktes Deutschland, sich zum Anwalt der Bürger in der Dritten Welt zu machen, das Richtungsgewissen der Wirtschaftsmächte zu werden. Die im Osten erkämpfte Freiheit wird nur bewahrt, wenn unser Land seine Überlebensverantwortung im Blick auf die Unrechtsopfer der südlichen Erdhälfte wahrnimmt.

II

Erfahrungen der Friedensdienste

Wolfgang Raupach

Aus den Erfahrungen der freiwilligen Friedensdienste

»Der waffenlose Friedensdienst will Dienst für morgen sein. Diese Idee entstammt nicht pazifistischen Träumen. Sie ist Folge nüchterner Welterkenntnis und Zukunftserwartung. Wir kennen die Feinde von morgen: Hunger und wirtschaftliche Unterentwicklung, Intoleranz und Diskriminierung, Analphabetentum und Bevölkerungsexplosion. Gegen diese Feinde helfen keine neuen Waffen. Dagegen brauchen wir neue Kampfmittel, neue Operationspläne und neue Feldzüge. Wir brauchen neue Ausbildungsmethoden und neue Dienstformen. Der Friedensdienst ohne Waffen ist ein allererster Ansatz. Er hat zudem die Chance, die dem Friedensdienst mit Waffen nicht gegeben ist. Er kann die militärisch-strategischen und ideologischen Grenzen überschreiten. Er kann mit der Partnerschaft derer beginnen, die im politischen und geistigen Feld als Gegner aufeinandertreffen... Der Übergang von heute auf morgen hat ein pazifistisches Gefälle! Darum brauchen wir heute schon die Friedensethik und den Friedensdienst von morgen. Was wir heute nicht lernen, wird uns morgen fehlen... Zweimal hat unser Jahrhundert eine Generalmobilmachung für den Weltkrieg erlebt. *Die Mobilmachung für den Weltfrieden steht noch aus.*«*

Diese Sätze stammen aus dem Jahr 1967. Martin Schröter, damals Sprecher der Evangelischen Arbeitsgemeinschaft

* Martin Schröter: Deutscher Evangelischer Kirchentag Hannover 1967. Dokumente. Stuttgart–Berlin 1968, S. 181–185.

für Kriegsdienstverweigerer (EAK) auf dem Forum »Friedensdienst mit und ohne Waffen« des Kirchentags in Hannover, skizziert eine friedenspolitische Alternative. Sie sollte das Militär überwinden, aber auch jeden Zivildienst, der nichts weiter sein sollte als ein »Ersatz«dienst für das Militär.

Gewiß sind seine Sätze zeitgebunden: Sie lassen sich auf den Versuch ein, unter der Formel vom »Friedensdienst mit und ohne Waffen«, die Gewissensentscheidungen von Soldaten und Kriegsdienstverweigerern, die Aufgaben der Kriegsverhütung und der Friedensförderung zusammenzudenken. Außerdem fehlen unter den »Feinden von morgen« die ökologischen Bedrohungen, die wir heute genauer als damals sehen.

Zugleich aber bleiben seine Einsichten über das Jahr 1967 hinaus gültig: Das Ziel des Friedens ist nicht mit militärischen Mitteln zu erreichen. Im Gegenteil, jede Rüstung und jede militärische Anstrengung entfernen uns weiter von dem Ziel, denn sie sind notwendig auf Konfrontation angelegt.

Frieden im biblischen Sinn von *schalom* als Frieden, Gerechtigkeit und Bewahrung der natürlichen Lebensgrundlagen erfordert von uns radikal neue Anstrengungen.

Dieser friedenspolitische Entwurf hat unter den damaligen gesellschaftlichen Bedingungen der Bundesrepublik keine Chance gehabt. Der Waffendienst blieb beherrschend. Der Zivildienst blieb dem militärischen Rahmen verpflichtet. Einige wenige Versuche, in den »Sozialen Friedensdiensten« den Zivildienst wenigstens friedenspädagogisch als Zeit des Lernens zu nutzen, kümmerten vor sich hin. Einige Hundert junger Männer (und eine etwa gleich große

Zahl von Frauen) hatten mit den kirchlichen Diensten »Eirene« und »Aktion Sühnezeichen« die Möglichkeit zu einem Friedensdienst im Ausland. Für manche junge Männer blieb die »Totalverweigerung« des staatlichen Zwangsdienstes, das heißt die kriminalisierte Alternative, der einzige Ausweg, den sie gesehen haben.

Einzelne wegweisende Stimmen wurden überhört. So die von Carl Friedrich von Weizsäcker: »Einige versuchen heute schon, streng nach der Ethik zu leben, die eines Tages wird die vorherrschende sein müssen, und verweigern jede Beteiligung an der Vorbereitung auf den möglichen Krieg.«* Die Evangelische Kirche vergaß ihre eigene Thesenreihe »Zum Friedensdienst der Christen« aus dem Jahr 1969, in der sie eine kräftige Förderung der Friedensdienste jenseits der Alternative Soldat oder Kriegsdienstverweigerer empfahl: »Die Ausbildung für Friedensdienste sollte grundsätzlich so angelegt sein, daß die Teilnahme nicht auf Wehrdienstverweigerer beschränkt ist. Dadurch wird deutlich gemacht, daß der konstruktive Beitrag und nicht eine negative Entscheidung das Entscheidende ist.« Die Gesellschaft und die Kirchen wurden aufgefordert, alle Anstrengungen zu unternehmen, solche Friedensdienste auszubauen.**

An den Sätzen von Martin Schröter fällt eines auf: Sein Entwurf einer friedenspolitischen Alternative zum Militär kann sich noch nicht freimachen von militärischen Bildern; die Argumentation lebt noch immer vom Gegensatz zur Armee.

* C. F. v. Weizsäcker: Bedingungen des Friedens. Rede zum Friedenspreis des deutschen Buchhandels. Frankfurt 1963.

** Die Denkschriften der Evangelischen Kirche in Deutschland. Frieden, Versöhnung und Menschenrechte. Bd. 1/2. Gütersloh 1978, S. 58.

Dieser Gegensatz durchzieht die Geschichte der Freiwilligendienste von Anfang an. Das Wort Freiwillige ist den »Kriegsfreiwilligen« von 1914 nachgebildet. »So wie andere ihre Söhne hergeben, damit sie in die Schützengräben ziehen, so sollten wir unsere gehen lassen, um der Errettung der Welt willen«* – das ist die Maxime für die ersten Freiwilligendienste in der heutigen Form. Sie sind entstanden in den sogenannten »Historischen Friedenskirchen«, bei den Quäkern, den Mennoniten, der Kirche der Brüder. Diese Kirchen blickten auf eine lange pazifistische Geschichte zurück und hatten in ihren Gemeinden bereits eine Tradition des freiwilligen Dienstes entwickelt. Ein Schlüsselbegriff war die »Wehrlosigkeit«, die aber keineswegs mit Passivität verwechselt werden darf. Vielmehr fallen in den Schriften der »Friedenskirche« Ausdrücke wie entschlossen, energisch, aggressiv in Verbindung mit Liebe und Dienst auf. Gemeint ist: den ersten Schritt tun, Initiative ergreifen, sich nicht entmutigen lassen.

Während und nach dem Ersten Weltkrieg gründeten diese »Friedenskirchen« ihre Hilfswerke und Freiwilligendienste, zum Beispiel das »American Friends' Service Committee« der Quäker, die »Brethren Service Commission« und das »Mennonite Central Committee«. Ihr Dienst sollte ohne Rücksicht auf rassische, religiöse oder nationale Zugehörigkeit, wenn möglich auf beiden Seiten der Front, geschehen. Teilnehmer sollten nicht nur Kriegsdienstverweigerer, sondern auch Frauen und ältere Menschen mit Berufserfahrung sein.

* Vernard Eller: Die Kirche der Brüder. Die Kirchen der Welt. Bd. IX, S. 202.

1917, mitten im Krieg, konnten die Quäker die ersten einhundert jungen Männer zu Hilfs- und Rettungsarbeiten nach Frankreich schicken. Sie brauchten allerdings die Genehmigung der Armee, und zum Schutz mußte diese »Quaker Ambulance Unit«, wenn auch ungern, graue Uniformen tragen. Bei Kriegsende waren 600 junge Frauen und Männer dabei, die Zivilbevölkerung mit Essen und Kleidung zu versorgen, Waisen zu betreuen, zerstörte Dörfer wieder aufzubauen oder Obstbäume zu pflanzen.

Die Dienste der Friedenskirchen halfen gemeinsam, die armenischen Flüchtlinge wieder anzusiedeln, die den Völkermord durch die Türken überlebt hatten. Die nächste Aufgabe wurde durch die Hungersnot in der Sowjetunion gestellt. Es schien fast unmöglich, in das von der Revolution zerrissene Land Einlaß zu finden, aber 1921 bis 1926 wurde unter Leitung der Quäker ein großes Speisungsprogramm durchgeführt. Aus Rußland stammende Mennoniten leisteten erhebliche Anstrengungen zur Hilfe in der Landwirtschaft.

Auf die Freiwilligendienste der Friedenskirchen in Europa nach dem Zweiten Weltkrieg will ich nicht weiter eingehen. Die Hilfsprogramme in Deutschland, Österreich, Griechenland, Polen oder im vom Bürgerkrieg zerrissenen China sind noch nicht vergessen.

Die weitreichenden Konsequenzen dieses alternativen Dienstes sind bald nach ihrer Gründung erkannt worden. So setzte sich Friedrich Siegmund-Schultze für die Arbeit des ebenfalls nach dem Ersten Weltkrieg entstandenen »Internationalen Zivildienstes« (Service Civil International) als Alternative zum Kriegsdienst ein. Der Internationale Zivildienst hatte Helfer zusammengebracht, die gemeinsam in Frankreich kriegszerstörte Ortschaften wieder aufbauen sollten. Die Schwierigkeit war, einen Ort zu finden, der bereit war, unter den Helfern auch ehemalige Feinde, also Deutsche und Österreicher, zu akzeptieren. Im Winter 1920/21 konnte das erste internationale Arbeitslager in dem kleinen Dorf Esnes bei Verdun stattfinden. Nach fünf Monaten allerdings brach die Gruppe auseinander: Franzosen, Schweizer, Ungarn, Deutsche – von denen auch zwei Soldaten gewesen waren – und englische Quäker, eine Niederländerin und eine Österreicherin mußten ihre Arbeit beenden, als ihnen aus Paris geboten wurde, die »Feinde Frankreichs« unter ihnen nach Hause zu schicken.

Jedoch: Das internationale Arbeitslager als Arbeits-, Lebens- und Lernform war entstanden. – Siegmund-Schultze erkannte vor allem die internationale, völkerverbindende Bedeutung:

»Neben der Bedeutung für das Einzelvolk ist der Zivildienst von größter Bedeutung für die Völkergemeinschaft, denn nur durch positives Arbeiten für die gemeinsamen Aufgaben der Menschheit wird der Geist gestärkt, der den Frieden schafft.« Ein Zivildienst, der dem Bösen in der Welt wehre, ließe sich seiner Meinung nach sogar zu einer »allgemeinen Wehrpflicht« für den Frieden ausbauen. Durch gemeinsame körperliche Arbeit werde der Friedensgedanke stärker verankert und führe zu der großen internationalen Solidarität, die den »im eigenen Volkstum verwurzelten Menschen fehlt«.

Siegmund-Schultze kam zu dem Urteil, das Werk von Pierre Cérésole, dem Gründer des Internationalen Zivildienstes, »wird in der Geschichte der Kultur mehr bedeuten, als das erste stehende Heer aufgestellt zu haben ... Es handelt sich um die krasseste Umwandlung des Gegeneinander in ein Füreinander.«*

Arbeit als Vorbedingung des Wortes

Ebenfalls in den zwanziger Jahren organisierte Eugen Rosenstock-Huessy in Schlesien Arbeitslager mit dem Ziel, durch die Erfahrung von gemeinsamer praktischer Arbeit soziale Spannungen zu überwinden. Junge Arbeiter, Bauern und Studenten arbeiteten tagsüber zusammen und reflektierten abends ihre Erfahrungen. »Arbeit als Vorbedingung des Wortes« nannte Rosenstock diese Methode. »Das Wichtigste für die Zukunft der Völker erscheint mir die Gestaltung eines Dienstes, in den jeder junge Mensch im Laufe seines Lebens hineingerissen würde, damit eine neue Sprache auf der Erde gesprochen werden kann. Seine Sprechweise müßte aus einer Sprache des Menschengeschlechtes hervorbrechen, dürfte also nicht mit den nationalen oder Klassen-Sprachen der bisherigen Gesellschaft zusammenfallen.«**

»Heute noch begegne ich Menschen, die nicht wissen, daß nur, wer zusammen gearbeitet hat, auch miteinander beten kann. Das alte ›ora et labora‹ ist eine Tatsache der Menschheit. Es geht nicht,

* F. Siegmund-Schultze: Zivildienst 1928. In: Die Eiche 16 (1928), S. 178 ff. Die Texte von F. Siegmund-Schultze sind nun zum ersten Mal allgemein zugänglich in: F. Siegmund-Schultze: Friedenskirche, Kaffeeklappe und die ökumenische Vision. Texte 1910–1969. München 1990.

** Eugen Rosenstock-Huessy: Dienst auf dem Planeten. Kurzweil und Langeweile im Dritten Jahrtausend. Stuttgart 1965, S. 13.

daß man mit jemand, wie es heute so billig heißt, ins Gespräch kommt; man hat sich nur etwas zu sagen, wenn man zueinander gehört oder miteinander geschuftet hat. Die Sprache also, von der ich jetzt im folgenden zu reden habe, die wächst nicht auf dem Mist von Clubversammlungen oder heiteren Verabredungen oder kleinen dramatischen Liebhaberspielen, sondern nach getaner Arbeit kann man reden, weil man gemeinsam unter dieser Arbeit gelitten und bei dieser Arbeit sich zusammengerauft hat. Das Wesen der Arbeitsdienste, die seit 1910 empfohlen, begonnen, versucht worden sind, und die noch heute leiden unter ihrem Mißbrauch durch die Nazizeit – diese Arbeitsdienste gingen nicht auf die Arbeit als solche, sondern sie gingen auf die Vorbereitung des menschlichen Gesprächs. Nur wer miteinander arbeitet, muß hinterher wirklich miteinander singen. Die Arbeit ist vielleicht dafür nur das Minimum. Auch wer miteinander geweint hat, wer sich miteinander gesorgt hat, auch die können reden, aber das Einfachste, das Allgemeinste ist die menschliche Arbeit... Also Arbeit als Vorbedingung des Wortes...«*

In der Emigration in den USA beschäftigte sich Rosenstock-Huessy weiter mit diesem Konzept und organisierte für die Regierung Roosevelt Arbeitslager, um Arbeitslose aufzufangen und sinnvoll zu beschäftigen.

*Brücken über Blut und Asche***

Nach 1945 brauchte der Freiwilligendienst in Deutschland nicht nur eine neue Öffnung über die Grenzen hinweg, sondern auch eine erweiterte Begründung. Nach den Verbrechen des nationalsozialistischen Deutschlands mußten

* ebenda, S. 45 f.

** So der Untertitel des Buches von Ansgar Skriver: Aktion Sühnezeichen. Stuttgart 1962.

die Ziele Völkerverständigung und Versöhnung präzisiert werden; das Eingeständnis geschichtlicher Schuld mußte zum Ausgangspunkt der Arbeit werden. So hält der Name der 1958 gegründeten »Aktion Sühnezeichen« fest, daß Versöhnung nicht die Mitte des Weges zwischen zwei Streitenden meint, sondern daß die Schuldiggewordenen sich auf den Weg zu den Opfern begeben müssen. So begann die Arbeit mit einer »Bitte um Versöhnung« an die überfallenen Völker und dem Bau von Zeichen der Versöhnung: in Coventry und Rotterdam, Jerusalem und Auschwitz, Norwegen und Frankreich. Damit wurde der Arbeit für den Frieden eine neue Dimension hinzugefügt: Neben Kriegsverhütung und die Arbeit für Gerechtigkeit im weitesten Sinne als Friedensförderung, neben die Erziehung zum Frieden tritt die Erinnerung an die Schuld und das Aufrichten von Zeichen der Sühne und der Versöhnung. Diese an der deutschen Geschichte gewonnene Einsicht gilt für viele friedensgefährdende Konflikte.

Innen und Außen gehören zusammen

Am Vorabend der Depression 1929 kam es in den USA zu Streiks und blutigen Auseinandersetzungen, weil die Arbeiter versuchten, sich zum Schutz gegen schlechte Löhne und Arbeitsbedingungen gewerkschaftlich zu organisieren. Die Quäker wurden gebeten, für hungernde Familien streikender Textilarbeiter in einem kleinen Ort North Carolinas zu sorgen. Der Besitzer der Textilfabrik aber war ein frommer Quäker, und die Ortsgemeinde stand auf seiner Seite. Die Helfer der Quäker kamen von außen und sollten sich auf die Seite der streikenden Arbeiter stellen. Wieviel schwieriger war es in dieser Situation, die richtigen Dinge zu tun!*

Der Friedensdienst wurde zu einem Kampf um Gerechtigkeit und Versöhnung auf sozialem Gebiet. Das war ein einschneidender Schritt in der Geschichte der Freiwilligendienste; er bestimmt ihre Arbeitsformen bis heute. Die Freiwilligen übernahmen die Rolle von ›Animateuren‹, deren wesentliche Aufgabe es war, von allen Parteien anerkannte Konfliktlösungen anzuregen, vor allem aber der apathisch gewordenen Bevölkerung Mut zum Neuanfang zu geben.

Die Arbeit im Ausland zieht notwendig eine Arbeit im Inland nach sich. Diese Erfahrung haben sämtliche Freiwilligendienste gemacht. Sie gilt für alle Entwicklungsdienste: Wenn die Armut der Länder des Südens wesentlich durch wirtschaftliche Entscheidungen und Konsumverhalten in den reichen Industriestaaten hervorgerufen wird, dann muß die Armut auch dort bekämpft werden, wo sie gemacht wird. Sie gilt für die Friedens- und Versöhnungsdienste: Wenn einer ein oder zwei Jahre Freiwilliger in Polen war, dann wird er zum Anwalt seiner polnischen Freunde bei uns und mischt sich in den Streit um die atomare Abschreckung oder den Streit um die Oder-Neiße-Grenze ein. Wer den Mord an den Juden nicht vergessen machen will und darum zwei Jahre in Israel arbeitet, der reagiert im eigenen Land auf neuen Antisemitismus.

Wem durch seine Arbeit im anderen Land die Augen geöffnet worden sind für soziale Randgruppen, für Behin-

* Cl. Pickett: For more than Bread. Boston 1953, S. 3 ff.

derte, Flüchtlinge, Fremde, der behält auch nach seiner Rückkehr offene Augen. Das hat eine friedenspolitische und eine friedenspädagogische Bedeutung. Zum einen wächst das Bewußtsein gemeinsamer Aufgaben und gemeinsamer Herausforderungen. Es entsteht ein internationales Netz der Arbeit für den Frieden. Damit dieses Netz wachsen kann, müssen die Dienste frei bleiben von den tagespolitischen Interessen der jeweiligen Regierung; sie werden am besten von unabhängigen Trägern organisiert. Sämtliche Entwicklungsdienste haben das erfahren, und wo sie in den Ländern als verlängerter Arm der Regierung identifiziert werden, wie zeitweise das amerikanische Peace Corps, ist ihre Arbeit zum Scheitern verurteilt. Ohne diese Unabhängigkeit hätte die Aktion Sühnezeichen ihre Arbeit weder in Polen noch in Israel zu einer Zeit aufnehmen können, als zu beiden Ländern noch keine diplomatischen Beziehungen bestanden. Der Friedensdienst muß vorwegnehmen können, was staatliche Politik erst später einholt. Diese nicht-staatliche Organisation entspricht auch am ehesten der vorweggenommenen zivilen Weltgesellschaft.
Zum anderen verändern sich die Freiwilligen selber: »Mich selber kann ich kaum verstehen, vor allen Dingen nicht, wie gründlich ich mich ändere. Was habe ich alles gelernt! Was akzeptiere ich jetzt willig als Teil der Welt, und was verstehe ich jetzt, oder was kann ich nicht begreifen? Ich bin zu weit weg von euch, um zu ermessen, wieviel ich mich geändert habe. Ich spreche anders und ich sehe die Welt anders.«*
Friedensdienst ist ein Experiment: herauszufinden, was das

* 3rd Annual Peace Corps Report. 1964, S. 34.

Angemessene ist; ausprobieren; sich in seinen (guten) Absichten korrigieren lassen; für Überraschungen offen sein. Probieren, scheitern, prüfen, wieder probieren – das ist die Konsequenz aus einem Frieden, den wir immer erst vor uns haben. »Ich habe gelernt, daß mit der Zeit die Dinge zustande kommen, zu denen ich beigetragen habe. Mehr muß man nicht wissen wollen.«* Am Ende dieses Lernweges steht die Einsicht: Nicht alle müssen ihre Dinge so regeln, wie ich es von zu Hause gewohnt bin. Diese Einsicht wird zur wesentlichen Voraussetzung für Toleranz, Verständigung zwischen den Völkern und Versöhnung. Sie läßt das Fremde nicht länger als Bedrohung erscheinen, sondern als Herausforderung zur Neugier und zur Bereicherung. In diesem Lernen werden die eigenen Verhaltensmöglichkeiten erweitert.

Ernsthaftigkeit oder Freizeit

Über die Arbeitslager in den Ferien, in denen junge Menschen Schulhäuser reparieren oder Straßen bauen, schreibt Rosenstock-Huessy: »Diese Unternehmen der Quäker sind ausgezeichnet in ihrem Geist; sie haben nur einen Fehler: sie sind Ferienunternehmungen, und was der Student in den Ferien tut oder der Hochschüler, das ist nicht ganz ernst. Ferien werden als Zeitvertreib behandelt, und so ist die Gefahr bei den Quäkerlagern, daß der Spielcharakter, das ›einmal ist keinmal‹ ebensosehr vorherrscht wie beim

* ebenda, S. 28.

Heer der blutige Ernst.«* Rosenstock-Huessy will, daß der Friedensdienst eine gleiche Ernsthaftigkeit zeigt wie die Vorbereitung auf einen Krieg. Er kann in diesem Zusammenhang sogar vom »Arbeitsdienst-Soldaten« sprechen und scheint eine allgemeine Dienstpflicht nahezulegen. Letztlich kommt es ihm aber auf eines an: »Da nun der Krieg heute durch etwas ebenso Ernstes oder fast ebenso Ernstes abgelöst werden muß, so muß ich darauf bestehen, daß ein Zeitopfer nötig ist, und zwar ein erhebliches.«**

Ein Beispiel

Der folgende Erfahrungsbericht eines Freiwilligen zeigt exemplarisch Aufgaben und Möglichkeiten eines freiwilligen Friedensdienstes, wie er in der Zukunft immer wichtiger werden wird. Daß der Bericht aus New York stammt ist zufällig. Er könnte ebenso aus London oder Jerusalem oder – in Zukunft – aus Dresden, Warschau, Vilnius oder Leningrad kommen.
Ihm vorangestellt ist ein Artikel aus »Time Magazine«.

New York City: Westdeutsche springen ein

Man braucht zwanzig Minuten, um vom ramponierten Büro, 10. Avenue 777, zu dem alternden rotbraunen Sandsteingebäude, 36. Straße West 314, zu kommen. Am Weg

* Eugen Rosenstock-Huessy: Dienst auf dem Planeten. Kurzweil und Langeweile im Dritten Jahrtausend. Stuttgart 1965, S. 45f.
** ebenda, S. 48.

entlang breitet sich Manhattans mit allen Wassern gewaschenes Stadtviertel Clinton aus: alte fünfstöckige Mietskasernen, Restaurants aller Nationalitäten, Autoreparaturwerkstätten, Tante-Emma-Süßwarenläden und ein Wohnblock an der 9. Avenue, der schon seit langem im Geruch einer Crack-Höhle steht. Für Stefan Stuckert, 25, einen jungen westdeutschen Freiwilligen aus Damme in Niedersachsen, ist der Spaziergang an diesem Block gegenüber dem New Yorker Busbahnhof vorbei ein Weg in die Vergangenheit. »Dort über der italienischen Bäckerei habe ich gewohnt«, sagt er. »Da ist der westafrikanische Gemüseladen. Ein paar Türen weiter ein griechischer Fleischmarkt.« Stuckert und sein Begleiter, Joseph Mick, 24, sind zweifellos in dieser rauhbeinigen Arbeitergegend zu Hause, in der nach und nach Wohnungen in teure Apartments verwandelt werden und aus der die ansässige Bevölkerung allmählich von besser Verdienenden verdrängt wird. Aber die beiden hochgewachsenen jungen Männer, die die Avenue entlanggehen, sind Ausländer, die in einem einzigartigen europäischen Projekt engagiert sind. Sie gehören zu einer Gruppe von 22 westdeutschen Freiwilligen, die durch die Aktion Sühnezeichen/Friedensdienste in die USA gesandt worden sind. Die Organisation, die in West-Berlin zu Hause ist, wurde 1958 von evangelischen Christen gegründet, um für internationalen Frieden und Versöhnung zu arbeiten. Ihre Idee: Nützliche Arbeit als Zeichen der Sühne für die Verbrechen, die von Deutschen während des Zweiten Weltkrieges begangen wurden.

Heute arbeiten mehr als 150 Männer und Frauen für ASF in Israel, Frankreich, Belgien, den Niederlanden, Großbritannien, Polen, Norwegen und den USA. Ihre Projekte reichen von der Behindertenarbeit in Israel bis zur Hilfe für französische Friedensgruppen beim Organisieren von Seminaren. Der springende Punkt für einen Freiwilligen, sagt Stuckert, ist, daß »man durch die Arbeit mit Minderheitengruppen und unterprivilegierten Menschen einen wichtigen Schritt tut, um zu verstehen, wie so etwas wie der Holocaust geschehen konnte«.

In New York tragen Stuckert und Mick ihren Teil dazu bei, eines der brennendsten und dauerhaftesten Probleme, nämlich den Mangel an erschwinglichem Wohnraum für Menschen mit niedrigem Einkommen, zu mildern. Sie arbeiten als »organizer« für »Housing Conservation Coordinators« (HCC), eine Organisation, die armen Mietern hilft, die Finanzierung und die Geschäftserfahrung zu bekommen, die notwendig ist, um ihre eigenen Wohnungen renovieren oder erwerben zu können und dadurch den wirtschaftlichen Druck abzuwenden, aus ihnen ausziehen zu müssen. Eine andere Westdeutsche, Reinhild Steingröver, 21, lebt und arbeitet in einem Frauenhaus in Harlem, und Peter Hofmann, 23, ist Mädchen für alles im Emmaus-Haus, einer Zufluchtsstätte für Arme und Obdachlose in Spanisch Harlem. Ein fünfter ASF-Freiwilliger, Jörg Brackmann, 24, arbeitet mit Menschen über sechzig im Respite House, einem Übergangswohnheim für Obdachlose in der Lower East Side, das unter den Fittichen eines jüdischen Hilfswerks, der Educational Alliance, steht, und im Projekt Ezra, einer Organisation, die älteren jüdischen Menschen hilft, damit sie in ihren eigenen Wohnungen selbständig weiterleben können.

Stuckert schlängelt sich zwischen den Tuchballenkarren der Textilarbeiter in der 36. Straße hindurch und führt uns zu einem heruntergekommenen städtischen Gebäude. Handwerker vollenden gerade die Installation neuer Badezimmer. Die örtliche Mieterorganisation verbessert das Gebäude, bevor sie es von der Stadt kauft; als Team von HCC beaufsichtigen Stuckert und Mick den Fortgang der Renovierung. Nach einer kurzen Inspektion erklärt Stukkert, warum er zwei Jahre seines Lebens – eine ausgedehnte Reise, die nun zu Ende geht – für ASF gegeben hat. »Wir Zwanzigjährigen sind die letzten, die heute noch eine direkte Verbindung mit dem Holocaust haben. Wir sind die Kinder der Soldaten.«

Bevor Stuckert in die USA kam, war er schon in Deutschland aktiv engagiert. Wie die anderen der New Yorker Truppe demonstrierte er vor fünf Jahren gegen die Stationierung amerikanischer Mittelstreckenraketen in Westdeutschland; die vier Männer sind Kriegsdienstverweigerer, die ihren Ersatzdienst ableisten. Davor war Stuckert auf den Straßen unterwegs, um Unterstützung gegen Kernkraftwerke zu sammeln. ASF-Freiwillige in den USA erhalten 120 Dollar Taschengeld, dazu Unterkunft und Verpflegung von den Organisationen, für die sie arbeiten. Später versammeln sich die fünf Deutschen in dem karg eingerichteten Zimmer von Mick über einem mit Brettern vernagelten Waschsalon. Im Licht einer Glühbirne liegen Hofmann und Mick auf einer Matratze auf dem Fußboden; die anderen sitzen auf Klappstühlen. Alle fünf äußern, wie sehr sie überrascht sind, daß die amerikanische Regierung so wenig gegen das Problem der Obdachlosen in New York City tut; ein Problem, das ihrer Meinung nach hier sehr viel schlimmer als in Westdeutschland ist. »Die Kirchen werden damit kaum fertig«, sagt Hofmann. »Die amerika-

nische Regierung fühlt sich nicht verantwortlich.« Reinhild Steingröver, die seit zehn Monaten in Harlem lebt, äußert Überraschung über die Stärke rassistischer Feindseligkeiten in den USA. Sie sagt: »Hier zu leben, das macht mich sensibler für den Rassismus in Deutschland.«
Nach dem Auswertungsseminar von ASF in Mönchengladbach, auf dem die zurückgekehrten Freiwilligen Schülern und anderen über ihre Erfahrungen berichten, hofft Stukkert, nach London zu gehen, wo er die Film- und Fernsehhochschule besuchen will. Für seine Bewerbung reicht er einen kurzen Film mit Mick in der Hauptrolle ein, den er während seines New-York-Aufenthaltes gemacht hat. Aufgenommen an Stuckerts Lieblingsplätzen – vor dem HCC und vor einer Bäckerei im East Village – erzählt der Film vom Widerstreben eines jungen Deutschen, die Pesacheinladung der Eltern seiner amerikanischen Freundin, einer Jüdin, anzunehmen. Der junge Mann erkennt, daß sein Widerstreben aus der Furcht entspringt, zwei Überlebende des Holocaust zu treffen – und aus der Konfrontation mit der deutschen Vergangenheit. Am Ende überwindet er seine Besorgnis und akzeptiert das Risiko der Enthüllung.

»Time Magazine«, 15. Februar 1988, Jeanne North
(Übersetzung: Wolfgang Raupach)

Projektbericht eines Teilnehmers an einem von Aktion Sühnezeichen initiierten sozialen Friedensdienst

New York City, 30. März 1987

»Eine einigermaßen annehmbare, nicht zu teure Wohnung in New York zu finden ist fast so schwierig, wie während

der Rush-hour eine Kontaktlinse in einer U-Bahn-Station wiederzufinden!« (»New York Times«, 26. Februar 1986)
Eine Wohnung in New York City wird mehr und mehr zu einem Luxusartikel, den sich nur die obere Mittelkasse oder die mehr als 100 000 Millionäre in Manhattan leisten können.
Der Preis für Land steigt wie in keiner anderen Stadt. In manchen Gebieten schnellte er um das Hundertfache in die Höhe, und das Land wird zum Spielball der Spekulanten, mit dem bei einem guten Kauf und Verkauf innerhalb eines Monats Millionen verdient werden können.
Der Immobilienmarkt floriert wie kein anderer und wird ausgesaugt wie kein anderer. Einem Artikel in der »Village Voice« zufolge

- leben 24 000 Menschen in New York in privaten Obdachlosenheimen,
- leben 25 000 Menschen in New York auf der Straße,
- hat sich die Zahl der Obdachlosen in den letzten vier Jahren vervierfacht,
- sind mehr als 715 000 Wohnungen, die unter $ 300 vermietet waren, in den Jahren 1970 bis 1980 verlorengegangen,
- wurden 15 000 Mietwohnungen durch Brandstiftung und bewußtes »Herunterkommenlassen« von seiten des Vermieters bzw. Eigentümers zerstört,
- sind 57 000 Mietwohnungen durch die Umwandlung in Luxus-Apartments und Eigentumswohnungen verlorengegangen,
- hat der Bestand an städtischen Mietwohnungen in den Jahren von 1970 bis 1980 um 35 000 Wohnungen abgenommen etc.

Diese Zahlen sind schon ein Jahr alt. Aber kontinuierliche Haushaltskürzungen der Reagan-Regierung für soziale Einrichtungen bringen viele Institutionen in existentielle Schwierigkeiten und verschärfen so die ohnehin schon bedrückende Lage.
Die folgende Beschreibung von »Housing Conservation Coordinators« (HCC) mag vielleicht etwas umfangreich erscheinen, aber gibt nur in diesem Umfang Aufschluß über die Vielseitigkeit von HCC und dessen Arbeitsweise.

Ich arbeite seit April 1986 bei »Housing Conservation Coordinators«, einem gemeinnützigen Verein in Clinton in Mid-Manhattan. Die Zielsetzung von HCC ist zum einen die Verbesserung der Lebensverhältnisse innerhalb der »Community«, also des Stadtteils, und zum anderen, mehr spezifisch, die Wohnraumerhaltung und -beschaffung ausschließlich für einkommensschwache Bevölkerungsgruppen. Diese Arbeit umfaßt:

1. Die Beratung und Vertretung von Mietern im Kampf gegen Belästigung, Schikanen und Kleinkrieg von seiten des Vermieters und Unterstützung bei Maßnahmen gegen die Abnahme der Wohnraumqualität durch schlechte oder gar keine Reparatur von wesentlichen Funktionssystemen (Elektrizität, Heizung, Wasser etc.), die die Mieter dann zwingen, ihre Wohnung zu verlassen.

2. Die technische, finanzielle und organisatorische Unterstützung für einkommensschwache Mieter, indem der Versuch unterstützt wird, Wohnungen zu kaufen oder

obengenannte Reparaturen kostengünstig und gut durchzuführen.

HCC arbeitet im Gebiet nördlich der 34. Straße bis zur 57. Straße, westlich der 8. Avenue bis zum Hudson River. Der Stadtteil heißt heute, wie schon erwähnt, Clinton, aber ist eher unter dem Namen »Hell's Kitchen« (des Teufels Küche) bekannt – in Anspielung auf die hohe Kriminalitäts- und Drogenrate. Clinton war seit jeher Zuhause für die Arbeiter, die in Wohnhäusern aus der Zeit der Jahrhundertwende lebten. In der Vergangenheit waren die Docks und die Textilindustrie (Clinton beherbergt den »garment district«) zwei große Arbeitsfelder für die Bevölkerung, aber im Zuge der Verwandlung New Yorks von einer Hafenstadt zu einer Business-Stadt ist ein großer Teil dieser Arbeitsplätze verlorengegangen. Dafür hat sich die Theater- und Kunstwelt etabliert, und im Zuge der »gentrification« lockt es mehr und mehr junge dynamische Leute aus dem Mittelstand in diesen Stadtteil.
Eine Volkszählung im Jahre 1980 ergab eine Bevölkerung von 39644 Menschen in Clinton. Davon waren 60 Prozent Weiße, 28 Prozent spanischsprechende Bevölkerung (»hispanics«), 9,3 Prozent Schwarze, und der Rest der Bewohner dieses Viertels setzt sich aus Indern, Chinesen, Japanern, Griechen, Italienern und anderen Volksgruppen zusammen. Von 1970 bis 1980 stieg die Bevölkerung um 2,6 Prozent, wohingegen die Bevölkerungszahlen in Gesamt-Manhattan rückläufig sind. Der Anteil der spanischsprechenden Bevölkerung ist im gleichen Zeitraum um 44,6 Prozent angestiegen und liegt heute, meiner eigenen Schätzung zufolge, bei ca. 50 Prozent.

In den letzten 14 Jahren hat HCC mit Hilfe unterschiedlichster Programme an der Umsetzung der gesteckten Ziele gearbeitet.

1. *Tenant-Organizing:* die Organisation von einkommensschwachen Mietern zur Mieterselbstverwaltung und die juristische, technische, organisatorische und finanzielle Unterstützung bei Verhandlungen mit dem Vermieter, beim möglichen Kauf von Wohnungen und der Verbesserung der Lebensqualität in den Wohnungen beziehungsweise den Gebäuden.

2. *Tenant-Self-Management-Organizing:* die Organisation von eigenständig und unabhängig funktionierenden Mieterselbstverwaltungen in städtischen Häusern, die unter anderem in das sogenannte *TIL Program* aufgenommen wurden. Dieses Programm, entworfen von HCC und ähnlichen Organisationen und durchgefochten in jahrelangen Verhandlungen mit der Stadt New York, ermöglicht den Mietern in diesen Häusern, ihre Wohnungen nach einem bestimmten Zeitraum zu kaufen, wenn sie während dieser Zeit nachgewiesen haben, daß sie in der Lage sind, alle notwendigen Arbeiten zur Unterhaltung eines Gebäudes – Entwurf eines Haushaltsplans, Reparaturen, Bildung einer Mieterselbstverwaltung etc. – durchzuführen. Veranschlagter Preis ist $ 250 in einem Stadtteil, in dem der reale Marktpreis für eine gleichwertige Wohnung bei ca. $ 100 000 bis $ 150 000 liegt. Ein anderer Teil der Arbeit in diesem Programm ist die Zusammenarbeit mit anderen, ähnlichen Organisationen in einer Art Koordinie-

rungsinstanz, in der Entwürfe zur Schaffung und Erhaltung von Wohnraum für einkommensschwache Bevölkerungsgruppen entwickelt werden.

3. *Clinton Housing Inventory Program* (CHIP): Chip ist ein Computerprogramm, mit dessen Hilfe Gutachten über 1200 Wohngebäude in Clinton gespeichert worden sind. Die eigens zu diesem Zweck entwickelte Software wird anderen Organisationen in New York und den gesamten USA zur Verfügung gestellt, um ähnliche »Wohnkarteien« zu erstellen.

4. *Loan Program:* die Verhandlung für und Verwaltung von städtischen, bundesstaatlichen und privaten Krediten und Geldern für den Kauf von Wohnungen oder die Durchführung notwendiger Reparaturen in einzelnen Wohnungen oder an einem Gebäude.

5. *Legal Clinic:* freie juristische Beratung für einkommensschwache Mieter.

6. *Law Project:* vier Anwälte vertreten entweder einzelne Mieter oder Mieterselbstverwaltungen in Konflikten mit dem Vermieter (unrechtmäßige Kündigung des Mietvertrages, nicht durchgeführte Reparaturen etc.) und arbeiten an Fällen, die durch ihre Einmaligkeit größeren Einfluß auf die gesamte Rechtsprechung im Bereich des Miet- und Eigentumsrechts haben können.

7. *Weatherization Program:* Um die Wärme-Isolierung und damit die Wohnungsqualität zu verbessern, werden

– mit Hilfe bundesstaatlicher Förderung – kostenlos Türen und Thermopen-Fenster in Gebäuden mit einkommensschwachen Mietern installiert. HCC hat eine »crew« von vier Handwerkern für diese Arbeiten.

8. *Open Space:* die Entwicklung und Erhaltung von Gärten auf unbebauten, ungenutzten städtischen Grundstükken durch Mithilfe von Bewohnern aus dem Stadtteil und in Zusammenarbeit mit anderen »Gartenorganisationen«. Auch hierauf werde ich später noch konkreter eingehen, da es sich hier um ein Aufgabengebiet meiner Arbeit bei HCC handelt.

9. *Food Coop:* einmal wöchentlich ist Food Coop (Lebensmittel-Kooperative). Gemüse, Früchte und andere Lebensmittel werden im Großmarkt eingekauft und zu mehr oder weniger gleichen Preisen an Mitglieder des Food Coop verkauft, entweder am allwöchentlichen Stand im Altersheim an der 55. Straße oder in den Wohnungen von älteren Menschen. Die Preise betragen oft nur die Hälfte der offiziellen Marktpreise und erleichtern das finanzielle Überleben in New York City nicht unwesentlich.

10. *Clinton Community Press:* HCC veröffentlicht eine eigene monatlich erscheinende Zeitung, die »Clinton Community Press«, mit Beiträgen zu bestimmten Gebäuden, Wohnungspolitik der lokalen Behörden, Tendenzen auf dem Immobilienmarkt etc.

Beeindruckend an diesem breiten Spektrum von Aktivitäten ist, daß sie das gesamte Feld notwendiger Hilfen im Bereich der Wohnraumerhaltung beziehungsweise -beschaffung abdecken und darüber hinaus dem Ziel der Lebensverbesserung innerhalb des Stadtteils zweifelsohne gerecht werden. Zudem ergibt sich langfristig aus dieser Art von Stadtteilpolitik ein Selbstbewußtsein für den Stadtteil als Ganzes, und diese Politik ermöglicht, im Eintreten und Kämpfen für Rechte und Bedürfnisse eine gleichrangige Position neben Immobilienfirmen und der Stadt einzunehmen.

Hier geht es um eine Lokalpolitik, die in Deutschland wenig oder gar nicht existiert und aufgrund der politischen, wirtschaftlichen und strukturellen Verhältnisse in Deutschland vielleicht auch nicht möglich ist. Auf der anderen Seite zeigt sich hier auch eine ganz amerikanische Schwäche, nämlich das Fehlen einer wirklichen Koordinierungsinstanz, die all die unterschiedlichen lokalen Aktivitäten auf eine gemeinsame Ebene bringt, wo stadtweit oder gar landesweit Einfluß genommen werden kann. Aber auch Individualismus hat nun einmal zwei Seiten.

Meine erste Aufgabe bei HCC war die des »Open Space Coordinators« (Koordinator für ungenutzten freien Wohnraum). Ich erinnere mich noch an meinen ersten Tag: von Washington, D. C., nach New York im Trailway, gespannt und neugierig, mein erstes Gespräch mit John und Bob. »Don't do anything you don't want to do!« (Mache keine Arbeit, die du nicht wirklich machen willst.) Ich erinnere mich an den Notfall im »Open Space Program«, die fehlenden Gelder für einen Koordinator. Ich sehe mich im »back office« sitzend, wühle in den Akten, erinnere mich an mein erstes Telefongespräch mit der ehemaligen Koordinatorin, die Namensliste aller ungefähr 50 Gärtner, an das erste Flugblatt, unser erstes »Meeting« und so weiter. Es war nicht gerade der aufregendste Job, aber, im nachhinein betrachtet, war er als Einstieg ins »Organizerleben« ziemlich wertvoll, weil dort meine organisatorischen Fähigkeiten gefordert wurden.

Das »Open Space Program« beinhaltet auch die Koordination von vier Gärten in Clinton. Entstanden sind diese Gärten durch die Initiative von HCC und Bewohnern aus Clinton. Es ging darum, brachliegende, nicht genutzte städtische Grundstücke produktiv zu nutzen. Die Gärten existieren nun seit ungefähr zehn Jahren und sind heute fester Bestandteil im Viertel und im Leben der ungefähr 50 Gärtner, die in den Gärten arbeiten. Zudem sind sie eine Augenweide in der Betonwelt von Manhattan – zumindest im Sommer.

Zweierlei scheint mir hierbei noch erwähnenswert:

1. HCC ist einer der Geldgeber für die »City As School«, eine Alternative zur etablierten High School, in der die Schüler, anstatt in einem Klassenzimmer zu sitzen und theoretisches Wissen vermittelt zu bekommen, in verschiedene Organisationen und Betriebe gehen und dort für einen bestimmten Zeitraum eine Art Praktikum machen. Fünf bis sechs Schüler, zwischen 14, 15 und 16 Jahre alt, arbeiten ein- bis zweimal die Woche im »Open Space Program« oder im »Food Coop«. Mein erstes Treffen mit Teenagern aus New York war ein echtes Erlebnis. Mit Walkman und wenig Interesse kamen sie eines Morgens zu mir ins Büro geschneit. Ein

kurzes Kennenlernen, Erklären und: »Ja, ich komme aus Deutschland.« Obwohl New York eine Vielvölkerstadt ist,war diese Tatsache immer ein Bonus für mich, und immer, wenn einmal Leerlauf war, mußte Deutschland herhalten: was die Leute tragen, wie die Schulen sind, Musik, Mädchen, Jungen etc. Der theoretische Anspruch von HCC und von »City As School« ist, den Schülern ein grundsätzliches Verständnis für die biologischen Vorgänge in einer Pflanze anhand von praktischer Arbeit zu vermitteln und sie in alltägliche und jahreszeitliche Arbeiten im Biotop Garten einzuweisen.

2. Eine ähnliche Arbeit findet im Rahmen des »Summer Youth Program« statt. Jeden Sommer bietet HCC Jugendlichen aus dem Stadtteil in einem städtisch finanzierten sechswöchigen Sommerprogramm einen Job gegen Bezahlung ($ 3,50 pro Stunde) an. Meine Aufgabe war, einen Plan aufzustellen, der notwendige Arbeiten in den Gärten mit der Vermittlung von Fertigkeiten und Wissen im Rahmen organischer Prozesse koppelt und außerdem die Umsetzung dieser Pläne in die Realität. Waren die Reinigungs- und Bewässerungsaufgaben erst einmal erledigt, so hatte ich ziemlichen Freiraum bei der Gestaltung dieses Plans. Meine Schwerpunkte waren
a) die Arbeit in einem eigens für die Jugendlichen geschaffenen Bereich in den Gärten, den sie selbständig bepflanzen und gestalten konnten,
b) der theoretische Unterricht,
c) der Bau eines Zaunes in einem der Gärten und
d) ein großes Wandgemälde an den Häuserwänden, die die Gärten einschließen.

Da HCC kein Geld für die Bezahlung von Materialien hatte, mußte ich selbst losziehen und Holzhändler, Farbenläden, Großhandlungen und Gärtnereien von der Notwendigkeit einer »donation«, einer Spende, überzeugen.
Diese Spenden sind ein ganz wesentlicher Teil der Beziehung zwischen Stadtteilorganisationen und der lokalen Wirtschaft, denn es gibt immer einen gewissen Grad an Eigeninteresse auf seiten des Spenders. Erscheint zum Beispiel der Name eines Farbengeschäfts, das die Farben spendete, auf dem großen Wandgemälde, so ist das eine gute Werbung, und außerdem vermittelt dies dann auch das Image eines sozialen Engagements für die jeweilige »Community«. So sind auch höhere Geldspenden von Banken und größeren Firmen, die für viele gemeinnützige Organisationen existentiell sind, immer im Rahmen dieser Wechselwirkung zu sehen und entspringen primär nicht einem ausgeprägten sozialen oder sozialistischen Bewußtsein. Davon ist, wie die aktuelle Realität beweist, der Überbau der amerikanischen Gesellschaft weit entfernt.
Nachdem ich also Holz und Farben im Wert von $ 300 für $ 0 erworben hatte, konnte alles losgehen. Mein Plan hatte allerdings eine Schwäche, nämlich die Jugendlichen selbst und ihren städtischen und kulturellen Hintergrund. Für die meisten der Jugendlichen war es die erste feste Arbeit seit einer langen Zeit, und viele sahen wenig Sinn in Zusammenarbeit und einem gewissen Maß an Verantwortlichkeit. So habe ich viel Zeit damit verbracht, ihnen zu erklären, was erlaubt ist und was nicht. Neueingesetzte Fenster sollten nicht Ziel-

scheibe für Steinwürfe sein, »grass« (Cannabis) sollte nicht unbedingt die Pflanze sein, die in einem »Community«-Garten angepflanzt wird, eine Säge sollte nicht zum Ansägen frisch gepflanzter Bäume verwendet werden und so weiter. Das alles erinnerte mich mehr an meine Kindheit als an meine Jugend.

Interessant waren die Verhaltensweisen gegenüber Frauen. Jede Frau, die an dem Garten, in dem wir arbeiteten, vorbeiging, mußte Bemerkungen wie »Wie heißt du?«, »Nette Beine«, »Süßen Arsch, den du mit dir rumträgst« hinnehmen. Manchmal war es lustig, aber oft einfach daneben. Ich habe selten solch offen sexistische Verhaltensmuster beobachtet. Erklärungen, Diskussionen oder Anschreiereien waren nur von temporärer Wirkung. Nur die Androhung einer Kündigung zeigte einen großen Einfluß. Am Ende der sechs Wochen hatten wir, neben alltäglichen Arbeiten, einen Zaun fertiggestellt und gestrichen. Daß mich noch heute einige von ihnen anrufen, zeigt mir, daß es trotz allem nicht nur für mich eine gute Erfahrung war.
Mein nächstes Aufgabengebiet war das der Buchhaltung, wo ich versuchte, Akten und Zahlen von Krediten aus dem schon erwähnten »Loan Program« auf den neuesten Stand zu bringen. Ziel war, ein Computerprogramm zu entwerfen, das alle verschiedenen Arten von Krediten umfaßt und immer einen aktuellen Überblick über den Stand dieser Kredite gibt: ob Leute mit Zahlungen im Rückstand sind, wieviel bisher bezahlt wurde etc. Ich habe drei Monate gebraucht, um zum einen die ca. 60 Kredite, die HCC an individuelle Mieter oder Mieterselbstverwaltungen ausgegeben hat, aufzuarbeiten und sie durch das chaotische

Aktensystem zurückzuverfolgen und zum anderen ein entsprechendes Computerprogramm zu entwickeln und soweit zu verselbständigen, daß jemand anders Zahlungen und grundsätzliche Informationen wie Name und Adresse eingeben kann und der Computer durch das Drücken einer einzigen Taste alle restlichen Daten von selbst ausspuckt.
Seit Januar arbeite ich jetzt einen neu eingestellten »loan coordinator« in das Computerprogramm und die Handhabung der Kredite ein und bin gleichzeitig tätig auf der »organizer«-Seite des Büros im »Tenant Self Management Program«, womit ich eigentlich da bin, wo ich ursprünglich hinwollte. Erst hier vollzieht sich die wirkliche, primäre Arbeit von HCC, nämlich die Zusammenarbeit mit Mietern und die Durchsetzung ihrer Rechte, Forderungen und Bedürfnisse. Und erst hier offenbart sich

a) der Zusammenhang zwischen HCC und der Aktion Sühnezeichen/Friedensdienste (ASF), die Solidarisierung mit einer »einkommensschwachen Bevölkerungsgruppe«, mit armen Menschen als einer Minderheit; die Solidarisierung mit ihrem täglichen Kampf für ein Dach über dem Kopf, für ein Zuhause, in dem sie teilweise ihr ganzes Leben verbracht haben und das sie heute aufgrund eines temporären Immobilien-Booms räumen sollen für »gentries« mit vollgestopften Bäuchen und dynamisch-ökonomischen Bewußtsein und

b) die Legitimation, im Sinne der ASF-Richtlinien, für eine Arbeit im »Open Space Program« oder am Computer.

Und nun zu guter Letzt ein paar Worte zur Arbeit bei HCC an sich. Ich empfinde es als absolutes Plus, daß ich meine Aufgabenbereiche mehr oder weniger selbständig auswählen und gestalten kann. Bei keiner anderen Arbeit, die ich bisher hatte, habe ich solch einen Freiraum und daraus resultierenden Motivationsschub erfahren. Da es zur Zeit keinen Direktor gibt, werden alle wesentlichen Entscheidungen vom ganzen Team getroffen. Das macht ein allwöchentliches Zusammentreffen aller unerläßlich, bei dem ein Informationsaustausch zwischen den unterschiedlichen Programmen und Diskussionen stattfindet. Diese Arbeitsstruktur ist nicht immer so gewesen, hat eine Menge an Energie und Initiative erfordert und spricht für das Engagement und das politische Bewußtsein. Nach außen bekunden Mao- und Lenin-Poster – im so antikommunistisch eingestellten Amerika eine bemerkenswerte Provokation – diesen Standpunkt.

Anfänglich hatte ich ein wenig Probleme, denn es brauchte sehr viel Zeit, Leserei und Fragerei, bis ich mir einen ungefähren Überblick erarbeitet hatte. In Anbetracht der Notwendigkeit von langfristiger kontinuierlicher Arbeit mit bestimmten Mieterselbstverwaltungen oder individuellen Mietern ist es daher zumindest fragwürdig, ob der begrenzte Zeitraum von 18 Monaten für meine Arbeit hier richtig gewählt ist.

Alles in allem ist die Arbeit bei HCC, neben zeitweiligen Wohnproblemen, eine wertvolle Erfahrung, die mein Verständnis von effektiver Arbeit, Arbeitsstruktur und Zielsetzung, mein Verständnis von mir selbst als Deutschem, durch das Leben in einem anderen Land und einer anderen Kultur wesentlich beeinflußt hat.

*

Wenn ich das New Yorker Nachbarschaftsprojekt exemplarisch nenne, dann will ich damit nicht abstreiten, daß viel nützliche, notwendige und unersetzliche Arbeit in den festen Bahnen etablierter Sozialarbeit geleistet wird, etwa in Behinderten- und Altenheimen. Auch sie brauchen freiwillige Helfer und Helferinnen, und so arbeitet die Aktion Sühnezeichen von ihrem Ansatz her in einer Reihe von Altenheimen in Israel, mit Emigranten aus Mitteleuropa und nach wie vor mit Überlebenden der Konzentrationslager. Die offene Sozialarbeit des »New Yorker Housing Conservation Coordinators« zeichnet sich dadurch aus:

- Sie reagiert auf eine soziale Not, bevor feste Berufsbilder für diese Arbeit entwickelt worden sind. Diese Kreativität und Flexibilität ist eine große Chance der Friedensdienste und ihrer Freiwilligen. Sie nehmen auch hier vorweg, was später einmal »offizielle« Politik werden wird.
- Sie ist Hilfe zur Selbsthilfe. Eine friedensfähige Gesellschaft ist auf Menschen angewiesen, die Vertrauen in ihre eigenen Fähigkeiten entwickeln und gelernt haben, an den Entscheidungen, die ihr Schicksal betreffen, zu partizipieren.

Ich gehe davon aus, daß es viele und vielfältige solcher Initiativen braucht, um den Herausforderungen der Zukunft, die die ökologische Krise und die lokale und globale Ungerechtigkeit bedeuten, begegnen zu können. Hier gilt, was über das Lernen der einzelnen Freiwilligen gesagt worden ist: ausprobieren, was angemessen ist. Denn die ausgefahrenen Gleise traditioneller Technologie, Politik und Sozialarbeit haben sich als ungeeignet erwiesen, den Weg in die Zukunft zu gehen.

Das Beispiel zeigt, wieviel Kompetenz sich einzelne Engagierte erwerben können. Denn man muß sich einmal bildhaft vorstellen, was es für einen jungen Deutschen von Anfang Zwanzig bedeutet, die Mieter eines New Yorker Slumhauses zusammenzubringen, unter ihnen Drogenabhängige und Prostituierte, um sie miteinander klären zu lassen, an welcher Ecke ihrer Wohnung die Leitungen für die neuen Badezimmer verlaufen sollen; dazu am Telefon mit der Stadtverwaltung über die Finanzierung zu verhandeln und schließlich die Baustelle zu beaufsichtigen, damit die Handwerker ihre Arbeit verabredungsgemäß ausführen. Es ist Kompetenz, die hier erworben und ausgeübt wird. In hierarchischen Strukturen wird sie erstickt, in Verbänden kann sie sich nicht entfalten. Insofern spricht sie gegen traditionelle militärische Formen. Wenn Hans-Eckehard Bahr eine Umwandlung der Armee weg von den traditionellen militärischen Aufgaben hin zu den Zukunftsaufgaben will, dann ist das zu berücksichtigen. Gebraucht werden selbständige, motivierte Individuen; dazu zur Koordination der Arbeit ebenso selbständige Spezialisten.

Das Beispiel zeigt ferner, wie Menschen, die eine sinnvolle Aufgabe darin sehen, überraschende Fähigkeiten entwikkeln – eine Chance, die im klassischen Militärdienst für Wehrpflichtige kaum gegeben ist und die auch vom Zivildienst in der Bundesrepublik, was immer er den einzelnen persönlich gibt, nicht genutzt werden kann.

Folgerungen

Die Erfahrungen der längerfristigen Friedensdienste zeigen:

– Die Aufgaben des Friedensdienstes werden besser durch unabhängige Organisationen privater Träger als durch – wie auch immer geartete – staatliche Einrichtungen wahrgenommen.

– In der Ernsthaftigkeit ihres Tuns gibt es keinen Unterschied zwischen den Freiwilligen, die ihren Dienst zwangsweise als Kriegsdienstverweigerer leisten und den anderen. Zugrunde liegt aber immer eine freiwillige Entscheidung für gerade diesen Dienst. Ob Ernsthaftigkeit und Motivation erhalten werden können, wenn Menschen in größerer Zahl zwangsweise zu diesem Dienst verpflichtet werden, bezweifele ich; nehme aber zur Kenntnis, daß die von mir angeführten Gewährsleute Siegmund-Schultze und Rosenstock-Huessy angesichts der übergroßen Aufgaben wohl eher für einen Pflichtdienst plädieren. Auf alle Fälle bleibt aber die Ernsthaftigkeit, die Rosenstock-Huessy aus dem Vergleich zum Militär ableitet, das »Zeitopfer« von dem er spricht, entscheidend.

– Die Dienste haben keine Mühe, die (zugegebenermaßen noch wenigen) Plätze zu besetzen, obwohl diese Freiwilligen gegenüber den Gleichaltrigen zum Teil erhebliche Nachteile in Kauf nehmen müssen. Diese Nachteile betreffen vor allem die Finanzen der Eltern, die Wartezeiten auf einen Ausbildungsplatz oder die Studienförderung, und dabei besonders die Frauen. Das »Freiwillige Soziale Jahr« in der Bundesrepublik mit seinem Dienst in Krankenhäusern und Pflegeheimen zeigt, daß eine große Zahl Freiwilliger zu gewinnen ist, wenn der

Dienst rechtlich und sozial anerkannt wird und die Benachteiligungen wegfallen.

Es liegt nicht an fehlenden Freiwilligen, sondern an fehlender Phantasie und behindernden Rahmenbedingungen, daß wir die Zukunftsaufgaben nicht mit dem notwendigen Ernst angehen können.

Nikolaus Huhn

Handwerker am europäischen Haus

»Jänscha«, ruft mein sowjetischer Kollege. Doch ich verstehe nicht. Erst als er etwas präziser »Hans-Dietrich Jänscha« ruft, begreife ich, daß er mich damit meint. Ich soll ihm helfen, einen Baumstamm auf einen Rollwagen zu legen. Grinsend läßt er es sich gefallen, daß ich ihn seither Schewardnadse nenne.

Was aber sind das für zwei selbsternannte Außenminister, die da im Südosten Moskaus zusammenarbeiten? Der eine, Schewardnadse, ist etwa vierzig Jahre alt und ein ungeheuer versierter Schreiner. Der andere, das bin ich, zehn Jahre jünger, seit zwölf Jahren im Beruf, Wohnsitz normalerweise München.

Völlig entgegen meiner Erwartung lerne ich hier noch einiges dazu. Trotz der Geschicklichkeit und fachlichen Sicherheit der Kollegen ist manches für mich nicht auf Anhieb verständlich. Wir stellen Skulpturen und Geräte für Kinderspielplätze aus Holz her.

»Macht doch die Rücken der Krokodile nicht so spitz«, flehe ich meine Kollegen an, »und rundet die Vorderkante der Parkbänke wenigstens ein bißchen ab, da verletzen sich doch die Kinder!«

»Nein, laß mal«, erwidert Schewardnadse, »unser Leben ist

hart, da wollen wir die Kinder nicht unnötig verzärteln...!«
Die Spielgeräte und Figuren sind außergewöhnlich schön geschnitzt und reich verziert, doch hart, kantig und gefährlich. Spielplätze? Wohl eher Trainingsparcours für das alltägliche Hindernisrennen in der Zehnmillionenstadt. Wer als Kind diese Spielplätze – jenseits aller geprüften Sicherheit – überlebt, kann offenbar dem sowjetischen Alltag getrost ins Auge schauen...

Ins Auge schauen wollte auch ich dem sowjetischen Alltag, nachdem man mir wiederholt empfohlen hatte, ich möge doch bitte »rüber gehen«, bloß weil ich der Ansicht war, daß achtmal Overkill unschätzbare Vorteile gegenüber neunmal Overkill habe.
Nach zweijährigem vergeblichen Bemühen erhielt ich also die Gelegenheit, ein Jahr lang als Schreiner in einem Moskauer Betrieb zu arbeiten und von den dort verdienten Rubeln meinen Lebensunterhalt zu bestreiten.
Obwohl als Kind nicht durch vergleichbare Härtetests gestählt, hat es doch auch mich dazu gedrängt, den Alltag des Feindes kennenzulernen. Denn Pazifismus hin oder her: Angst hatte ich nämlich schon vor den Russen.
Wurde nicht meine Großmutter in der Mark Brandenburg von den einrückenden Russen übel verprügelt? Hatte nicht ein anderer Verwandter seine ganze Sippe erschossen, weil er ihnen – besonders den Frauen – die zu erwartenden Grausamkeiten des wütenden Iwan ersparen wollte? Nun gut, möglicherweise hatte der Iwan plausible Gründe für seine schlechte Laune gegenüber den Deutschen. Doch was versteht ein Kind vom Zurückschlagen eines Angriffskrieges?

Noch als ich Anfang der achtziger Jahre blockierend vor Kasernen saß und infolgedessen vor Gericht stand, dachte ich mir immer: Selbst wenn es der Russe ist, der uns gegenübersteht, dürfen wir keine neuen Raketen und Marschflugkörper installieren.
Das »Geh doch rüber« kam da gerade recht. Ursprünglich von der konservativen Seite eher zynisch gemeint, wurde es für mich immer mehr zu einer Provokation, einer Herausforderung im besten Sinne. Denn wie sagt der alte Häuptling der Indianer, man möge doch bitteschön über keinen urteilen, in dessen Mokassins man nicht mindestens sechs Monde gelaufen ist.
Jetzt aber wieder zurück in die Moskauer Werkstatt. Für mich ist diese Bildhauerarbeit recht fremd, sehr anstrengend, aber sehr, sehr interessant. Ich bin es gewohnt, mit vielen großen und teuren Maschinen zu arbeiten, die mir einen Großteil der Kraftanstrengung ersparen und andere Fähigkeiten fordern, als man sie hier braucht. Hier werden etwa 80 Prozent der Arbeit mit Muskelkraft geleistet, weil entsprechende Maschinen fehlen. Also: Bizeps, Augenmaß und außerordentlich geschickte Hände. Diese Qualitäten sind bei mir etwas degeneriert, weil ich von den Maschinen verwöhnt bin. So stehe ich im Kreis meiner neuen Kollegen wie ein Anfänger im ersten Lehrjahr. Aber meine Mitarbeiter lassen mich da nicht hängen, sie erklären mir alles auf Russisch. Auf Russisch? Das verstehe ich doch gar nicht! Doch, doch, das bringen sie mir schon bei. Der Sprachkurs ist etwas rabiat, aber nicht ohne Erfolg. Wenn ich etwas nicht begreife, wiederholen sie es einfach lauter und schneller (anstatt langsam und deutlich), bis ich es verstanden habe – oder auch nicht.

Oder aber Schewardnadse erklärt mir zwei neue Adjektive, indem er mir kurzerhand auf die Arbeitsjacke spuckt, den Fleck verreibt und darauf deutend »mokri« sagt, während der trockene Stoff daneben mit »suchoi« bezeichnet wird. Das ist zwar nicht gerade die feine englische Art, aber diese beiden Begriffe vergißt man so schnell nicht wieder ...
Als ich ihn daraufhin am Kragen packe, um ihm an seinem Kittel die deutsche Übersetzung zu erklären, fällt auch Schewardnadse auf, daß sein pädagogischer Überschwang methodisch zwar bemerkenswert, zwischenmenschlich jedoch anfechtbar ist.
Unsere Werkstatt ist Teil einer der privatwirtschaftlichen Genossenschaften (Kooperativen), die als das augenfälligste wirtschaftliche Instrument der Perestroika gelten können. Wir werden nach individueller *und* nach Gruppenleistungen bezahlt, das erhält und beflügelt sowohl die Motivation als auch den Teamgeist.
Ein Anfänger bin ich selbstverständlich auch in der Kunst des sozialistischen Einkaufens. Noch keine fünf Tage in Moskau, will ich mir ein Beil für die Arbeit kaufen. Das Geschäft, in dem es solche Dinge gibt, ist jedoch gerade geschlossen. Etwas ratlos schlendere ich umher und gerate in eine Schreinerei, in der man mir tatsächlich ein Beil verkauft. Voller Stolz zeige ich meine Errungenschaft den Kollegen, die sich darüber halb totlachen: Ich habe ein völlig schiefes Beil minderer Qualität erstanden und dafür auch noch fünf Rubel anstatt der aufgedruckten 70 Kopeken bezahlt. Jetzt kenne ich wieder ein neues Wort: »spekuljant«.
Aber auch wenn das mit dem Einkaufen nicht immer richtig klappt, lassen die Kollegen mich nicht im Stich. Mal finde

ich eine Speckseite in meinem Spind, mal eine Suppe, mal ein paar Zwiebeln, Eier, Marmelade, Brot. Man hat Mitleid mit einem, der es gewohnt ist, das, was er will, im Geschäft kaufen zu können...

Manchmal habe ich den Eindruck, daß das Schlangestehen nicht nötig wäre. Wenn ich zum Beispiel ein paar Knöpfe für einige Kopeken kaufen will, stehe ich an, um an die Stelle zu kommen, wo ich sie aussuchen kann, stehe an, um den Bon an der Kasse zu kaufen, und stehe wieder an, um schließlich den Bon gegen die Knöpfe einzutauschen.

Oder aber die Verkäuferin läßt sich bei ihrer Tätigkeit von einer beneidenswerten Gemütsruhe leiten und zieht sich hin und wieder zu einem Schwätzchen mit den Kolleginnen ins Hinterzimmer zurück, während sich die Schlange, mehr oder weniger geduldig wartend, verlängert. Steht man in einer solchen Schlange an und hört das fröhliche Treiben der Verkäuferinnen aus dem Lagerraum, hat man relativ viel Zeit, seine Phantasie mit Gedankenspielen über den wechselseitigen Zusammenhang von Gehalt und Arbeitseifer zu beschäftigen. Sollte das Schlangestehen – aus der Not geboren – sich etwa zu einer Art Volkssport verselbständigt haben, so wie man in Frankreich das gesellige Boule-Spiel pflegt? Ist solch eine Aufreihung von Menschen automatisch eine Qualitätsgarantie für das Produkt, das da verkauft wird? Denkt man noch nach, oder stellt man sich einfach an, wenn viele da stehen?

Manchmal, wenn ich schlechte Laune habe, stelle ich mir vor, was passiert, wenn man an sechs oder sieben Stellen der Stadt Stände mit Brot, das es ja überall zu kaufen gibt, aufstellt und davor 20 bis 30 Eingeweihte Schlange stehen läßt...

Angeregt von dem augenfälligen Kontrast zwischen den karg bestückten Ladenregalen und den doch relativ gut gefüllten Kühlschränken und reichlich gedeckten Tischen in den Wohnungen habe ich schon einige Male die Vermutung geäußert, daß doch wohl nur ein geringer Teil der Güter über die offizielle Ökonomie an den Verbraucher gelange und vielleicht 70 Prozent über irgendwelche anderen mir unbekannten Wege. Das wurde jedoch durchweg bestritten, und zwar mit der Begründung, daß es doch wohl eher 85 bis 90 Prozent seien.
»Greif nur zu, greif nur zu«, höre ich die Gastgeberin sagen, als ich zu Besuch bei Bekannten bin und vor einem reich gedeckten Tisch sitze, »es sind alles bestimmt keine staatlichen Produkte!« Wie? Was? Ist der Staat etwa Garant für Zweitklassiges, Synonym für Mediokrität? Oder wie sonst soll man diesen stolzen Ausruf der Hausfrau verstehen?
Schewardnadse zum Beispiel bestellt nach Feierabend und am Wochenende seinen Acker, den er sich aus Brachland am Stadtrand urbar gemacht hat, um seine Familie mit Vitaminen zu versorgen. Er ist also im wahrsten Sinne des Wortes »Arbeiter und Bauer«, genaugenommen also einer der Machthaber dieses Landes. Davon habe ich jedoch bislang – und das sei hier in aller Höflichkeit gesagt – noch nicht allzuviel gemerkt.
Schon öfters habe ich Schewardnadse mit einem Packen Altpapier unterm Arm gesehen. Neulich erfuhr ich, daß man dafür Talons bekommt, die man für den Erwerb besonders begehrter Bücher benötigt. Zwanzig Kilogramm für ein Buch.
Doch was sehe ich da: Das sind alles alte Personaldossiers

aus Stalins Zeiten. Jede Akte zehn bis zwanzig Seiten stark, Handgeschriebenes und Formulare. Zum Beispiel: N. N., Jude, Weißrußland, Verwaltungsangestellter, gedient in der Weißen Armee – nein, Aufenthalt im faschistischen Ausland – nein etc. Ein einziger Makel in dieser »Karakteristika« hatte damals wohl über kurz oder lang den Tod bedeutet. Und jetzt wandern diese Akten, dieses gebündelte menschliche Schicksal, zum Altpapier, um gegen Romane eingetauscht zu werden. Auch so wird aus Geschichte Literatur.

Zwei Dinge sollen erwähnt werden, an die ich mich erst gewöhnen mußte. Zum einen die regelmäßige gemeinsame Rauchpause bei der Arbeit – auch für Nichtraucher verbindlich –, die ich von zu Hause gar nicht kenne. Doch fiel mir ein, daß eine urkommunistische spirituelle Gemeinschaft in Südfrankreich aufgrund philosophischer und religiöser Einsichten ebenfalls zu einem solchen stündlichen Arbeitspausen-Rhythmus gelangt ist. Und tatsächlich, als Deutscher kann man manchmal allzuleicht vergessen, daß der Mensch nicht nur Arbeitskraft, sondern auch soziales Wesen ist, und das eben auch bei der Arbeit und nicht nur in der Freizeit.

Zum zweiten: das russische Wort »saftra«. Es ist zwar auch im Wörterbuch als »der auf das Heute folgende Tag« bezeichnet, doch entspricht das der Anwendung nur ungenügend. In den meisten Fällen habe ich es nämlich im Sinne von »in den nächsten Tagen oder Wochen« kennengelernt (Ich rufe morgen mal an..., komme morgen mal vorbei...). Daran habe ich mich nur mühsam gewöhnen können. Und wenn mir jetzt jemand sagt, er werde dies oder jenes in drei, vier Tagen erledigen, dann multipliziere

ich die Zahl im Gedächtnis heimlich mit zehn, um unnötige Enttäuschungen zu vermeiden.
Die Perestroika hat in der Sowjetunion einen ganz anderen Stellenwert. Wer davon überzeugt ist, daß der Erfolg der Entwicklungen in Osteuropa auch für die westliche Welt eine Chance bedeutet – eine Chance zu konstruktiver Zusammenarbeit, nicht zu kapitalem Triumphgeheul –, der wird feststellen, daß Gorbatschows Bemühungen weniger unseren besinnungslos notorischen Applaus benötigen, als vielmehr kritisch wohlwollende Mitarbeit. Eine Mitarbeit, die sich der Häme und Besserwisserei enthält.
Eines ist in diesem Jahr klargeworden: Wie sträflich wenig das Fußvolk der UdSSR und der BRD voneinander weiß, wie wenig die Menschen unterhalb der Führungsebene in Politik, Wissenschaft und Kunst einander kennen.
Es kann also nicht angehen, daß die einzige Begegnung für das Fußvolk beider Länder alle paar Jahrzehnte im Schützengraben zelebriert wird. Ein Kennenlernen der Arbeiter und Bauern beider Länder scheint notwendig, wenn sich das Zusammenleben in Europa entkrampfen soll. Ein Kennenlernen, das über die Intensität von Urlaubs- und Besuchsreisen hinausgeht und geeignet ist, auf beiden Seiten zu einer echten »entTäuschung« beizutragen, zu einem realistischeren Feindbild also.
Einen solchen Versuch unternimmt der Verein »Handwerkerinnen und Handwerker am europäischen Haus« (Widweg 7, 8000 München 60), der in Zusammenarbeit mit dem Auswärtigen Amt Handwerkern aus der BRD und der UdSSR die Möglichkeit bietet, für drei bis achtzehn Monate im jeweils anderen Land zu arbeiten.
Denn: Wie ein Wohnhaus nicht ausschließlich von Archi-

tekten gebaut wird, so wird es auch einem europäischen Haus nicht schaden, wenn Handwerker sich bei der Ausführung der Baupläne einschalten. Aufgabe der Handwerker kann sein, aus den Schießscharten Fenster zu machen und zu einem vernünftigen Zusammenleben in Europa beizutragen.

Durch einfache Begegnung bei gemeinsamer Arbeit und im Alltag entsteht ein Fundament der Vertrautheit und des Verstehens zwischen den Völkern, das, ungeachtet der sich stetig wandelnden Interessenlagen und Verschiebungen in der Sphäre der Machtpolitik, zu einem Kontinuum der Sicherheit und zu einer Stütze politischer Stabilität werden kann.

Bei diesem Austausch von Handwerkern, Facharbeitern und Landwirten geht es darum,

- an die grenzüberschreitende Tradition der Handwerkerwanderschaft anzuknüpfen,
- Menschenkenntnis und Lebenserfahrung zu erweitern
- fachliche Kenntnisse zu erwerben und berufliche Erfahrungen zu sammeln,
- Vorurteile und Illusionen über das Leben im Feindesland zu überwinden.

Die Annäherung zwischen Ost und West läuft Gefahr, sich auf eine deutsch-deutsch-nationalistische Perspektive zu verengen. Dieser Tendenz soll mit diesem Austausch ein weiterreichender, eben europäischer Aspekt gegenübergestellt werden.

Also, Proletarier aller Länder: Lernt euch erst mal kennen, dann sehen wir weiter. Gehn wir halt mal rüber, aber etwas höflicher als 1942. Vielleicht kommt dann der Iwan auch mal etwas besser gelaunt zu uns als damals.

Handwerker! Das europäische Haus läßt bitten. Also ran an die Baustelle! Die Zinskonditionen auf dem Markt der Vertrauenskredite sind so günstig wie selten.

Finanzrahmen

1. Juli bis 31. Dezember 1990

Lohnkosten zuschuß	Ø 3 Mon. × 6 Pers. à 900,–	16 200,–
Sprachkurs	Ø 1 Mon. × 6 Pers. à 1 100,–	6 600,–
Versicherung f. nicht sozialversicherungspfl. Zeit	Ø 1 Mon. × 6 Pers. à 230,–	1 380,–
Anreisekosten der Teilnehmer ab Köln	6 Pers. à 150,–	900,–
Fortbildungswochenende		
Unterbringung	11 Pers. à 120,–	1 320,–
Referenten incl. Fahrt	2 Pers. à 400,–	800,–
Fahrtkosten Teilnehmer	9 Pers. à 150,–	1 350,–
Versicherung f. BRD-Handwerker in der UdSSR		
Renten-	Ø 4 Mon. × 3 Pers. à 103,–	1 236,–
Kranken-	Ø 4 Mon. × 3 Pers. à 250,–	3 000,–
Unfall-	Ø 4 Mon. × 3 Pers. à 30,–	360,–

Vorbereitung des Austausches und Betreuung der Teilnehmer		15 000,–
Fahrtkosten		2700,–
Öffentlichkeits- und Medienarbeit		800,–
		51 646,–
Aufwendungen für Verwaltung (10%)		5164,60
Gesamt	DM	56810,60

III

Diskussion: Die Offiziere

FRANZ MEYER

Metamorphosen des Militärischen

Das auch nach heutigen Maßstäben erfolgreichste militärische System der gesamten europäischen Geschichte haben zweifellos die Römer entwickelt. In ihrer tatsächlich mehr als tausendjährigen »Tradition« – 750 v. Chr. bis 552 n. Chr. – haben die römischen Streitkräfte nur drei größere Strukturveränderungen vorgenommen.

Anfangs war es eher eine »Bürgerwehr«, die von Fall zu Fall zusammengerufen wurde, wenn irgendwelche »Outlaws« ihren Wohnsiedlungen gefährlich wurden oder wenn, was damals häufig vorkam, infolge von Übergriffen Streitigkeiten mit den Ureinwohnern erfolgreich beendet werden mußten.

Aus dieser »Bürgerwehr« entwickelte sich alsbald – der Zeitpunkt ist nicht mehr auszumachen – eine Truppe, über deren Größe auch nur so viel bekannt ist, daß sie um 460 v. Chr. den Anforderungen nicht mehr gewachsen war und vergrößert werden mußte. Die Vergrößerung wurde durch Einbeziehen auch nichtrömischer junger Männer in den Heeresdienst erreicht. Um eine ordentliche Erfassung möglichst aller jungen »Plebejer« zu gewährleisten, wurden sogenannte Centuriatscomitien geschaffen, deren Chefs gleichzeitig die Führer im Kriege waren. Diese

Streitkräfte waren in der Lage, ihre Verteidigungsaufgaben nicht nur in Rom zu erfüllen, sondern an fast jedem Punkt Italiens. Sie verteidigten also nicht nur, sondern schützten durch offensives Operieren die Interessen der »Zentrale«: Rom.

Mit dem Namen Gajus Marius ist die bedeutendste Reform verknüpft. In den Jahren 113 bis 101 v. Chr. führte er ein umfassendes Rekrutierungssystem ein, das alle Menschen erfaßte, die im Einflußbereich Roms lebten. Die militärische Ordnung wurde durch die Schaffung selbständig kämpfender Truppenkörper, der Legionen, verändert. Die Legionen rekrutierten sich aus ihnen zugewiesenen Regionen, nach denen sie später auch meist benannt wurden. Mit dieser Reform wurde in der damaligen Welt ein Führungssystem entwickelt, das allen Streitkräften der damals bekannten Welt überlegen war.

Über die Ursachen des Niedergangs, der Zernierung und des schließlichen Untergangs ist viel geschrieben und spekuliert worden. Es dürfte einigermaßen gesichert sein, daß Rom nicht durch die Überlegenheit fremder Völker, sondern trotz eigener Überlegenheit infolge wirtschaftlicher Überschuldung, einer großen Bereitschaft zu Bestechlichkeit und völlig ungenügendem Interesse an der Erhaltung des Staates dem Auftrag an die Streitkräfte keinen überzeugenden Sinn mehr verleihen konnte und dadurch – letztlich infolge mangelnder Bereitschaft, den Staat zu verteidigen – unterging.

Erleben wir nicht heute Ähnliches? Stehen die Soldaten der hochgerüsteten sogenannten ersten und zweiten Welt noch voller Überzeugung hinter ihrem Auftrag, oder fangen sie nicht auch an, zu fragen, ob das alles, was ihnen abverlangt wird, noch einen Sinn hat und wenn ja, welchen? Heute ist es noch nicht das Ausbleiben der Soldzahlungen oder ein völlig sinnloser Einsatz; gleichwohl spricht man heute durchaus bereits von den hohen Einkommen derer, die verteidigt werden wollen, und der mangelnden Bereitschaft, den Soldaten einen gerechten Einkommensanteil zu gewähren. Und diskutiert man nicht überall und bei jeder Gelegenheit die Frage, wozu wir so viele Streitkräfte haben? Oder: Sagt sich nicht so mancher Soldat, daß sein Auftrag, das eigene Volk zu verteidigen, mit den Mitteln, die ihm zur Verfügung gestellt worden sind, nicht mehr durchführbar ist, weil er zum Zwecke der Verteidigung das zerstören würde, was zu bewahren ist? Gibt es nicht z. B. in der Bundeswehr bereits einen eigenen Arbeitskreis von Soldaten, den Arbeitskreis »Darmstädter Signal«*, der täglich in der schärfstmöglichen Form die derzeitige Sicherheitspolitik als eine völlig verfehlte und für das ganze Volk letztlich verderbliche Politik anprangert und durch eigene Aktionen Begegnungen mit Soldaten anderer Streitkräfte herbeiführt, um gerade bei den Soldaten den Gedanken der Völkerverständigung zu propagieren?

Ist es nicht auch ein verblüffender Vorgang, wenn innerhalb kurzer Zeit eine Armee, die Nationale Volksarmee, von einem der in den Augen der Umwelt besten Streitkräf-

* Mit dem »Darmstädter Signal« haben sich im *September 1983* Zeit- und Berufssoldaten und Mitarbeiter/-innen der Bundeswehr an die Öffentlichkeit gewandt, um ihr *NEIN* gegen die Stationierung neuer Atomraketen in unserem Land zum Ausdruck zu bringen. Aus dieser ersten Aktion heraus hat sich der *Arbeitskreis DARMSTÄDTER SIGNAL* gebildet. Ihm gehören über 200 Soldaten und Mitarbeiter/-innen der Bundeswehr an, die ihre Stimme gegen das Wettrüsten in der Welt erheben und für ein partnerschaftliches Verhältnis in der Sicherheitspolitik eintreten.

tekörper unserer Zeit zu einem für Zwecke der Kriegführung untauglichen Instrument wird? Und wie haben wir die Niederlagen der Streitkräfte in Vietnam und Afghanistan zu bewerten? Waren diese Einsätze nicht bereits ein mahnendes Menetekel für die Zukunft? Und haben nicht militärische Fachleute die vergleichsweise kleinen Einsätze in Falkland, in Grenada oder auch in Panama als militärische Desaster empfunden, bei denen die Kosten-Nutzen-Relationen alle vernünftigen Grenzen sprengten? Haben wir nicht auch den Angriff der syrischen Panzerarmee vor Augen, der mit einigen wenigen, gerade verfügbaren israelischen Kräften im oberen Jordantal unter furchtbaren Verlusten für Syrien gewissermaßen zusammengeschossen wurde?

Was muß man noch anführen, um zu verdeutlichen, daß der Bedeutungsverlust der Streitkräfte eine Form angenommen hat, der uns davon überzeugen müßte, daß diese Streitkräfte ihren Sinn verloren haben?

Für viele Mitbürger ist der Streit schon entschieden. Sie meinen in der Tat, daß die Streitkräfte abgeschafft, zumindest aber verringert werden müssen. Das Problem, das sich ihnen stellt, ist die Frage, wie man die Menschen in den Streitkräften sozialverträglich in die Gesellschaft integrieren kann. Da diese Aufgabe, wie sich bereits in den ersten Abrüstungsansätzen zeigt, nicht von heute auf morgen befriedigend geregelt werden kann, wird von Hans-Eckehard Bahr vorgeschlagen, die Streitkräfte in ihren Strukturen zu belassen und ihnen lediglich den Auftrag zu erteilen, wichtige soziale und ökologische Aufgaben zu übernehmen und auf diese Weise dem Frieden zu dienen.

Meine erste Frage an den Verfechter dieser Idee ist, ob er

das Führungsprinzip »Befehl und Gehorsam«, worauf unsere Streitkräftestrukturen sich stützen, für so innovativ hält, daß er dieser Methode zukünftige Entwicklungen anvertrauen will. Auch vermag ich mir nicht recht vorzustellen, daß junge Männer einen besonderen Sinn darin sehen, zum Zwecke der Verbesserung der bereits vorhandenen sozialen Einrichtungen eine weitere Institution für soziale Aufgaben zu schaffen. Andererseits ist natürlich nicht verborgen geblieben, mit welcher Begeisterung sich selbst hohe Offiziere auf ökologische Aufgaben stürzen und glauben, auf diese Weise der Bundeswehr einen neuen »tragfähigen« (sic!) Sinn zu geben.

Und wie steht es mit der Frage der zukünftigen Gefahrenabwehr? Sollen etwa die Streitkräfte nebenbei ihre Waffen behalten und in der Hauptsache anderen Aufgaben als denen der Waffenbeherrschung nachgehen? Genügt das zur Gefahrenabwehr oder würde nicht eine solche Institution zu einer zwar teuren, aber letztlich gänzlich untauglichen Einrichtung, die sich selbst ad absurdum führt?

Mir scheint, daß wir an einer völligen Demontage der Streitkräfte nicht vorbeikommen. Dieser Abbau kann zwar durch eine Reihe von Maßnahmen sozial- und auch politikverträglich gestaltet werden, uns aber nicht als solcher erspart werden.

Über allem, was wir tun, steht immer die Frage nach dem Sinn. Das ist unbestritten. Wenn wir nun darangehen, unsere heutigen Streitkräftestrukturen abzubauen, muß zuallererst die Frage nach der Abwehr äußerer Gefahren vom Staat beantwortet werden. Wir müssen zu einer mehrheitlichen Auffassung darüber kommen, ob wir dem Staat auch zukünftig die Aufgabe übertragen wollen, zur Ab-

wehr äußerer Gefahren besondere Einrichtungen zu schaffen und zu unterhalten, wenn wir die derzeitigen Streitkräfte abschaffen.
Als ebenso wichtige Frage ist die nach den möglichen und vorstellbaren Gefahren anzusehen. Das Motiv der Kriegsgegner war stets, daß die Streitkräfte alter Art ihrerseits und durch ihr bloßes Vorhandensein eine größere Gefahr darstellten, als uns von außen drohte. Nach ihrer Auffassung provozierten sie den Krieg geradezu. Wer sich dieser Vermutung anschließt, wird gleichwohl vor der Frage stehen, ob Wehrlosigkeit an sich die praktische, vertretbare und politisch durchsetzbare Lösung sein kann.
Wer die Forderung nach Wehrhaftigkeit bejaht, wird vor der schwierigen Frage stehen, welchen Gefahren eine wehrhafte Demokratie heute und morgen zu begegnen imstande sein muß. Auch er kann nicht übersehen, daß neue Lösungen gefunden werden müssen, und trifft sich in dieser Frage mit dem Kriegsdienstgegner.
Bei allem Bemühen um angemessene Lösungen wird man zweckmäßigerweise diejenigen, die bisher schon für die äußere Gefahrenabwehr zuständig waren, damit beauftragen, die schwierige Lage neu zu durchdenken. Entscheidend wird nicht sein, daß sie sich weigern könnten – sie stehen allesamt vor dem gleichen Dilemma. Entscheidend werden die politischen Vorgaben sein. Es kann heute auch nicht mehr darauf ankommen, möglichst viele aggressive Forderungen zu stellen und damit Menschen zu verärgern. Die Forderungen sind bekannt. Was wir brauchen, ist die Zeit, bis die Mehrheit den Sinn der Forderungen begriffen hat. Die Vorstellung, daß wir Zeit brauchen, macht uns auch selbst klarer, wie sich die Dinge entwickeln. Es geht

nicht darum, Zustände zu schaffen, sondern Prozesse zu beeinflussen. Im Sinne des Wortes haben wir eine Metamorphose des Militärischen vor uns.

Ich habe eingangs – für den interessierten Leser sicherlich verkürzt – die Entwicklung der römischen Streitkräfte skizziert, um damit aufzuzeigen, daß neue Aufgaben zu Veränderungen in den Strukturen führen müssen, wenn die Aufgaben mit den alten Strukturen nicht zu bewältigen sind. Die Geschichtsschreiber sind voll des Lobes für Menschen, die solche Veränderungen durchgesetzt haben. Leider wird zumeist verschwiegen, daß auch diese Menschen ihre Auffassungen im politischen Leben so durchsetzen mußten, wie wir Lebende dies in der Gegenwart versuchen, und daß ihre Überlegungen – so wie heute – nicht nur auf Skepsis, sondern auf harten Widerstand stießen. Leider lassen sich vor strukturellen Veränderungen auch immer ebenso viele Gründe gegen solche Veränderungen anführen wie dafür, so daß letztlich die Intuition, das sichere Gefühl, die Sache entscheidet. Das sichere Gefühl aber muß eine Mehrheit haben; darum gilt es zu kämpfen.

Hans-Joachim Reeb

Militär als Öko-Truppe?

Das internationale Koordinatensystem ist in Bewegung geraten. Der alte Ost-West-Gegensatz beginnt sich zugunsten neuer kooperativer Formen zu verändern. Sein sinnhafter Ausdruck, die deutsche Teilung, existiert nicht mehr. Neue regionale Gravitationszentren bilden sich in anderen Erdteilen heraus. Die Weltgesellschaft steht insgesamt vor Herausforderungen globalen Ausmaßes. Die Gefährdungslagen äußerer Sicherheit werden durch neue Bedrohungen der natürlichen Lebensgrundlagen überlagert. Dazu gehören Ozonloch, Dezimierung tropischer Regenwälder, Waldsterben, Bevölkerungsexplosion, Hungerkatastrophen, internationaler Drogenhandel, Terrorismus u. a. Herkömmliche Konfliktlösungsverfahren, meist nationalstaatlich geprägt, verlieren im Hinblick auf diese Entwicklungen an Bedeutung.

Zur Akzeptanz des Militärs

Angesichts dieser Umwälzungen erscheint es heute legitim und notwendig, sowohl über die Begründung militärischer Macht intensiv nachzudenken als auch Lösungsansätze für die globalen Problemfelder der Menschheit anzubieten. Ebenso berechtigt ist die Forderung, bei der Verteilung von Ressourcen für die Erfüllung militärischer Aufgaben die Finanzierung der anstehenden Zukunftsprojekte im Auge zu behalten. Da das Postulat von der Integrationsfähigkeit von Streitkräften in die pluralistische Gesellschaft ernst zu nehmen ist, bedarf es mehr denn je der Reflexion über die Einstellung der Bevölkerung zur militärischen Landesverteidigung.

Dabei ist festzustellen, daß ein Bedürfnis nach militärischem Schutz in der Bevölkerung mehrheitlich erkannt wird. Auch die Wichtigkeit der Institution Bundeswehr steht derzeit noch außer Frage. Ebenso befürwortet die deutsche Bevölkerung die Mitgliedschaft in der NATO. Dennoch machen sich konkrete Zweifel breit:

1. Die Bedrohungswahrnehmung der Bevölkerung hat seit Anfang der achtziger Jahre kontinuierlich nachgelassen. Ein Bedrohungsgefühl ist nur noch bei zirka zehn Prozent der Bundesbürger vorhanden. Der Sowjetunion wird Vertrauen in die angekündigte Entspannungspolitik und ihre Verständigungsbereitschaft entgegengebracht. Dieser »Gorbatschow-Trend« hält angesichts der osteuropäischen Entwicklungen an.

2. Die Wahrnehmung militärischer Bedrohung wird durch die Empfindung überlagert, daß die natürlichen Lebensgrundlagen gefährdet sind. Zweifel werden immer lauter, moderne Industriegesellschaften überhaupt militärisch verteidigen zu können. Verteidigungswaffen erscheinen hierbei selbst als Gefahr. Weltweite ökologi-

sche und ökonomische Probleme haben dagegen als »neue Bedrohungsformen« in der öffentlichen Meinung einen zentralen Platz eingenommen.

3. Mittlerweile gibt es eine qualifizierte Opposition gegen das Konzept der nuklearen Abschreckung. Die sinnstiftenden Institutionen, an ihrer Spitze die Kirchen, erkennen nur noch für eine Übergangszeit und unter bestimmten Bedingungen die nukleare Abschreckung an. Diese Instanzen verfügen über die notwendigen Kommunikationsstrukturen, um im öffentlichen Meinungsbildungsprozeß in ihrem Sinne prägenden Einfluß auszuüben.
Diese drei Einstellungstrends signalisieren gleichzeitig, daß die Sicherheitspolitik der letzten Jahre und Jahrzehnte so erfolgreich gewesen sein muß, daß die Bevölkerung sich auch mit einer kleineren, ausschließlich konventionellen militärischen Komponente subjektiv sicher fühlt. Es fragt sich, ob es wünschenswert ist, diesen Trend zu mehr »Friedfertigkeit« und Vertrauen gegenüber der Sowjetunion und ihren Verbündeten umzukehren.

4. Die aufgezeigten Meinungen und Einstellungen konkretisieren sich im Handeln der Bundesbürger. Es bricht sich ein Verständnis Bahn, durch das Militär von notwendig erachteten Aufgaben persönlich entlastet zu werden, ohne dafür aber die Pflichten und Belastungen auf sich nehmen zu wollen. Als Stichworte der aktuellen Diskussion seien genannt: Tiefflug und Manöver, Wehrdienst und Kriegsdienstverweigerung.

5. Diese Zweifel und Verweigerungen werden auch in die Streitkräfte getragen. Sie sind aber ebenso typisch für einen Zustand allgemeiner Verdrossenheit gegenüber sinnstiftenden und staatstragenden Institutionen. Im Militär könnten sich noch stärker Verständigungsschwierigkeiten zwischen meist berufsälteren Soldaten mit einer »soldatisch-traditionalistischen« Auffassung und Soldaten der jüngeren Generationen, die vom Wertewandel erfaßt wurden, ergeben.

Legitimation und Legitimität

Was meinen in diesem Zusammenhang Legitimation und Legitimität? Unter *Legitimation* werden die Rechtfertigungsbemühungen der in Politik und Militär Verantwortlichen zur Begründung von Grundsatz- und Einzelfallentscheidungen der Sicherheitspolitik verstanden. *Legitimität* setzt sich aus der empirisch meßbaren Anerkennungsbereitschaft der Bevölkerung (= Akzeptanz) und, als Ergebnis einer rationalen Auseinandersetzung der sinnstiftenden Institutionen über die »Moral« der Sicherheitspolitik, aus der ethisch qualifizierten Anerkennungs*würdigkeit* (= Akzeptibilität) zusammen.

Legitimation und Legitimität bedingen einander. Die Sicherheitspolitik muß gut begründet sein, um akzeptiert zu werden. Eine gut begründete Politik bedarf der zusätzlichen Akzeptanzbeschaffung. Es reicht nicht aus, unter »Marketing-Gesichtspunkten« für das Produkt Bundeswehr zu werben, wenn die politische und ethische Begründung fehlt.

Die Streitkräfte der Bundesrepublik Deutschland, in einer konkreten historischen Situation entstanden und seitdem den Einflüssen internationaler und gesellschaftlicher Wandlungen ausgesetzt, wurden bis vor kurzem mit der militärischen *Bedrohung* aus dem Osten begründet. Davon ist heute keine Rede mehr. Westliche Verteidigungspolitiker machen lediglich auf mögliche Risiken aufmerksam, die aufgrund der innenpolitischen Instabilitäten in der Sowjetunion und anderen Staaten Südosteuropas zu beachten seien. Die neue Geschäftsgrundlage des Ost-West-Verhältnisses lautet: gegenseitiges Vertrauen und Schaffung kooperativer Sicherheitsstrukturen auf dem Weg zu einer europäischen Friedensordnung. Das militärische Kräfteverhältnis bleibt aber der Maßstab für die Ausgestaltung der eigenen Verteidigungsmaßnahmen und ist Ausgangspunkt der Abrüstungsverhandlungen.

Nach Auffassung von Prof. Dr. Scholz und anderen Politikern sollen die Streitkräfte mit der *Souveränität* und nationalen Identität eines jeden Staates begründet werden. Obwohl Adenauer die Wiederbewaffnung mit dem Gewinn an Souveränität für die Bundesrepublik Deutschland verknüpfte, ist die Bundeswehr in erster Linie als Bündnisarmee gedacht und geplant worden. Die jüngste deutschlandpolitische Diskussion zeigt, daß der Begriff Souveränität eher zu Irritationen führen kann. Überlegungen, die neuen gesamtdeutschen Streitkräfte zunehmend in multinationale Organisationen einzubinden und zukünftig die Sicherheit nicht mehr national oder in Bündnissen, sondern in bündnisübergreifenden Sicherheitskooperationen zu sehen, geben zusätzlich zu Bedenken Anlaß, den Begriff Souveränität als Rechtfertigung für Streitkräfte zu verwenden.

Der Zweck der Bundeswehr wurde kürzlich auch noch damit begründet, die nationale *Politikfähigkeit* und internationale Bündnisfähigkeit aufrechtzuerhalten. Damit sind Überlegungen verknüpft, Interessen der Bundesrepublik Deutschland innerhalb der NATO, aber auch im weltweiten Raum durchsetzen zu können. Streitkräfte werden als Bestimmungsgröße politischen Einflusses in der Welt gesehen. Ohne daß man sich Sonderregeln unterwirft, die in der jüngsten Geschichte bekanntlich zu unheilvollen Folgen führten, sollte ein vereintes Deutschland seinen politischen Status nicht auf militärische Macht stützen.

Die Legitimation von Sicherheitspolitik und Streitkräften müßte demgegenüber stärker auf den ethischen Grund militärischer Verteidigung zurückgeführt werden. Dieser ist im Selbstverständnis des demokratischen Verfassungsstaates verankert. W. Graf Baudissin formulierte bereits 1951, daß im Zeitalter der Massenvernichtungswaffen der Soldat in allererster Linie für die Erhaltung des Friedens einzutreten hat. Dieser Gedanke des »Wofür dienen wir?« ist in letzter Zeit besonders vom Generalinspekteur der Bundeswehr, Admiral Wellershoff, in den Vordergrund gestellt worden. Die Bundeswehr empfängt ihren Auftrag aus Artikel 1 des Grundgesetzes, nämlich aus der Verpflichtung aller staatlichen Gewalt, die menschliche Würde zu schützen (Schutzauftrag des Staates). Sie nimmt damit das in der Satzung der Vereinten Nationen verankerte Recht der individuellen und kollektiven Selbstverteidigung in Anspruch. Deshalb hat der Bund Streitkräfte zur Verteidigung aufgestellt. Die Vorbereitung eines Angriffskrieges ist verboten.

Die Begründung von Sicherheitspolitik und Streitkräften in Zeiten der Umwälzungen

Sicherheitspolitik muß sich im heutigen Zeitalter daran messen lassen, inwieweit sie das universelle Rechtsprinzip, daß jeder Mensch die gleiche Würde besitzt, garantiert und verbreitet. Militärische Verteidigung hat den einzig legitimen Zweck darin, eine Politik zu gewährleisten, die sich für Freiheit und Gerechtigkeit einsetzt.

Die staatliche Schutzverpflichtung nach außen ist unter den derzeitigen Bedingungen der Weltpolitik, aber auch aus der anthropologischen Erkenntnis von der Unvollkommenheit des Menschen, noch mit militärischen Mitteln notwendig. Frieden sollte aber nicht nur bewahrt, sondern auch entwickelt werden. Frieden stellt eine grundsätzliche Voraussetzung für den Erhalt und die Fortentwicklung einer Wertordnung dar, durch die dem Freiheits- und Gerechtigkeitsanspruch der Menschen Rechnung getragen werden kann (Admiral Wellershoff). Die Sicherheitspolitik muß ihre Kräfte darauf konzentrieren, einen weltweiten Friedenszustand zu erreichen, in dem eine internationale Rechtsordnung herrscht und in der die Gesellschaft über wirkungsvolle Instrumente verfügt, die das Gewaltverbotsprinzip der UN-Charta durchsetzen helfen.

Parallel verlaufende Teilschritte in diese Richtung sind: Abrüstung, Vertrauensbildung und der Aufbau internationaler Sicherheitsstrukturen. Gleichzeitig müssen die Bemühungen um Durchsetzung der Menschenrechte vorangetrieben sowie kooperative Strategien zur Lösung der brennenden ökologischen und ökonomischen Probleme entwickelt werden, denn ohne Menschenrechte kann es keinen wahren Frieden geben, d. h. das Sicherheitsverständnis ist zu erweitern. Die Ressourcen, die für die weltweiten Herausforderungen der Menschheit dringend benötigt werden, müssen in Abrüstungsverhandlungen frei gehandelt werden.

Wandel des Militärs zum ökologischen Friedensdienst?

Damit bekommen auch die Streitkräfte einen zusätzlichen Sinn in der Anstrengung, Frieden, Freiheit und Gerechtigkeit zu schützen und weiterzuentwickeln. In den heutigen Zeiten des politischen Umbruchs in Europa sichern sie als Stabilitätsfaktor die Schaffung neuer Sicherheitskooperationen mit weniger Waffen ab. Streitkräfte bleiben eine Rückversicherungspolice gegen Unvernunft. Sie nehmen damit weiterhin klassische sicherheitspolitische Aufgaben wahr.

Vor welchen neuen Aufgaben steht das Militär? Inwieweit ist es dazu in der Lage? Eine zentrale Aufgabe ist den Streitkräften in der Verifikation erzielter Verhandlungsergebnisse und als Hilfsmittel der Krisendiplomatie übertragen worden. Darauf aufbauend wäre ihr Einbezug in internationale Sicherheitsstrukturen (UNO) denkbar. Die Erfüllung dieser Aufgaben setzt spezifischen militärischen Sachverstand bzw. militärische Fähigkeiten voraus. Hierzu sind Streitkräfte prinzipiell ausgerüstet, strukturiert und ausgebildet.

Die vorhandenen Militärpotentiale mit ihren personellen und technischen Ressourcen können darüber hinaus bei der Lösung der neuen globalen Herausforderungen, wie Katastrophen- und Umweltschutz, Entwicklungshilfe sowie Einsatz gegen die internationale Großkriminalität eingesetzt werden. Darin könnte der einzelne Soldat einen zusätzlichen Sinn in der Erfüllung seiner Aufgaben sehen.

Gerade die Ökologie stellt die Streitkräfte vor neue Herausforderungen. Je vordringlicher der Staat gefordert ist, den Schutz der Natur zu gewährleisten, desto höher werden die Verpflichtungen aller staatlichen Institutionen ihren machbaren Beitrag dazu abzugeben. Die Streitkräfte bieten hierfür beste Voraussetzungen. Das ihnen zugrundeliegende hierarchische Prinzip ermöglicht die Durchsetzung einer Umweltschutz-Grundausbildung für alle Soldaten. Die militärischen Vorgesetzten können angeleitet werden, Umweltschutz als eine militärische Führungsaufgabe zu verstehen, um Umweltbewußtsein herauszubilden. Ziel ist die Fähigkeit zur Ausbalancierung von ökologischer Verträglichkeit und militärischer Notwendigkeit bei der Wahrnehmung des Ausbildungs- und Übungsbetriebes. Darüber hinaus sind heute schon die strukturellen Voraussetzungen gegeben, die Streitkräfte in den aktiven Umweltschutz einzubeziehen. Vorschläge zur Ad-hoc-Bildung von »Umweltschutztruppen« aus diversen Spezialtruppenteilen sowie zu Überwachungs- und Meldeaufgaben liegen bereits detailliert auf dem Tisch.

Allerdings sind alle diese Aufgaben ausschließlich in Nebenfunktion zu erfüllen, d. h. zur sinnvollen Überbrükkung von Zeiten außerhalb von Ausbildung und nach Erfüllung der obengenannten Aufträge. Die hochgradig

arbeitsteilige Gesellschaft würde es nicht verstehen und daher ablehnen, Soldaten zu unterhalten, deren primärer Zweck nicht im militärischen Bereich liegt. Die Einbettung der Bundeswehr im NATO-Bündnis erlaubt ohnehin nur ein mit allen beteiligten Staaten abgestimmtes Verhalten. Derzeit ist aber nicht erkennbar, daß Mächte wie USA, Großbritannien, Frankreich oder auch die Sowjetunion auf absehbare Zeit auf militärische Kapazitäten verzichten wollen. Auch wird das berufliche Selbstverständnis gerade dienstälterer Soldaten diesem Gedanken mental entgegenstehen. Zudem besteht die Gefahr, die deutschen Streitkräfte als »Allzweckwaffe« einsetzen zu wollen, d. h. durch sie Lücken in der Wahrnehmung gesellschaftlicher Aufgaben schließen zu lassen. Die heutigen Rahmenbedingungen der Bundeswehr, wie Freizeitausgleich wegen mehrgeleistetem Dienst, Personalreduzierung aus innenpolitischen Gründen (dritte Söhneregelung, Abzug von Büroangestellten, die als Helfer für die Währungsunion mit der DDR benötigt werden) führen bereits jetzt zu Abstrichen bei der Bewältigung des militärischen Auftrages.
Die durch Abrüstung freiwerdenden Ressourcen sollten vielmehr *direkt* in entsprechende »Öko-Truppen« investiert werden. Der personelle Aufwuchs dieser – auch international strukturierten – Organisation könnte einerseits über gezielte, aber freiwillige Umschulungsprogramme ausscheidender Soldaten sowie über eine allgemeine Dienstpflicht sichergestellt werden, die den jungen Menschen die Wahl der Pflichtaufgabe in Militär, Umweltschutz, Zivilschutz, Sozialdienst u. a. ließe. Entsprechende gesetzliche Regelungen werden in der DDR erarbeitet. Auch sind dort personelle Konversionsprogramme größeren Ausmaßes geplant bzw. in der Realisierung.

Man sollte also in »konfliktarmen« Zeiten zunächst den Umfang der Soldaten auf ein vernünftiges und verträgliches Maß reduzieren, soweit er zur Befriedigung abstrakter Gefährdungen benötigt wird, ehe man den Streitkräften neue Betätigungsfelder sucht. Das schließt weder eine Bewußtseinsbildung im Militär für die globalen Herausforderungen der Menschheit noch konkrete Handlungen auf diesen Gebieten aus, wenn es der Primärauftrag zuläßt.

ELMAR SCHMÄHLING

Vom nationalen Kriegsdienst zum europäischen Friedensdienst – die Zukunft der Bundeswehr

Der letzte verheerende Krieg in Europa, der Zweite Weltkrieg, war kaum zehn Jahre vorüber, als in der Bundesrepublik Deutschland beschlossen wurde, neue deutsche Streitkräfte, die Bundeswehr, aufzustellen.

Es waren die Erfahrungen und die prägenden Eindrücke dieses Krieges, die die damaligen Politiker und führenden Soldaten bestimmten, als sie über Auftrag, Gestalt und Wesen neuer deutscher Streitkräfte nachdachten.

Zwei Lehren wurden gezogen: Letzten Endes haben die Überlegenen wegen der Zahl und Qualität ihrer Ausrüstung und der Leistungsfähigkeit des dahinterstehenden Wirtschaftspotentials den Krieg zu ihren Gunsten entschieden. Die andere Erkenntnis war, daß Krieg von und in modernen Industriestaaten, insbesondere nach der Erfahrung mit dem ersten Einsatz von atomaren Waffen in Hiroshima und Nagasaki sowie den Feuerstürmen von Dresden, Hamburg und anderen Großstädten, Gesellschaft und Infrastruktur bis ins Mark zerstört.

Während die erste Erfahrung darauf hinauslief, Streitkräfte zu schaffen, die in der Allianz mit anderen westlichen Demokratien möglichst überlegene militärische Schlagkraft produzieren können, legte die andere nahe, alles zu tun, einen solchen »modernen« Krieg zu verhindern.

Ein künftiger Krieg wäre für Sieger und Besiegte ein ungleich schärferer Einschnitt in die Existenzfähigkeit der modernen Gesellschaft als dies beim Zweiten Weltkrieg bereits der Fall war.

Kriegsverhinderung durch die Fähigkeit zur erfolgreichen Kriegführung destillierte sich somit als Essenz und Verbindung dieser beiden Erfahrungen und schuf die strategische Philosophie der sogenannten Abschreckung. Dieses Paradoxon der Kriegsverhinderung durch die Fähigkeit zur Kriegführung war und ist indes der untaugliche Versuch einer Synthese aus diesen beiden Erfahrungen des letzten großen weltweiten Krieges.

Abgesehen von den zahlreichen Widersprüchen, die diesem Prinzip entwuchsen, abgesehen auch von den psychologischen Belastungen für die daran beteiligten Politiker und Soldaten, wurde diese Abschreckungsphilosophie immer wieder auf ihren Kern, nämlich die Glaubwürdigkeit der Androhung, Waffen, selbst Nuklearwaffen, auch wirklich einzusetzen, hin befragt. Ohne diese Glaubwürdigkeit wären nämlich Soldaten und Waffen nur Papiertiger, jedenfalls das in sie investierte Geld nicht wert.

In der Ära der Abschreckung wurden Millionen von Bürgern dazu ausgebildet, im Falle eines Krieges Waffen wirksam einzusetzen. Sie wurden für den Waffendienst im Krieg ausgebildet, also für den Kriegsdienst. Natürlich wollten Politiker und Soldaten nichts wissen vom Begriff des Kriegsdienstes. Sie zogen es stets vor, vom Wehrdienst zu reden. Und in der Tat würde der Dienst, den Soldaten im Frieden leisten – zu ihrer Ausbildung und um sie in Übung zu halten –, erst im Falle eines Krieges zu einem Dienst im Krieg, also zu einem Kriegsdienst.

Nichts führt aber daran vorbei, daß alle Tätigkeiten von Streitkräften, auch im Frieden, nur darauf gerichtet sind, im Falle eines militärischen Konfliktes mit anderen Staaten, also im Krieg, Waffendienst zu leisten. Solange die Abschreckung, das heißt die Drohung, unter bestimmten Umständen militärische Gewalt gegen andere Staaten einzusetzen, als die Grundlage für die Unterhaltung von Streitkräften gilt, wird sich auch im Militärdienst nichts Grundsätzliches ändern. Daraus folgert, daß die Abschreckung als erstes überwunden werden muß.

Kann denn auf Abschreckung als Prinzip des Umgangs der Staaten in Europa miteinander verzichtet werden? Heute wird allenthalben die Auflösung des ideologischen Gegensatzes zwischen Ost und West konstatiert. Das ist die entscheidende Änderung in den Beziehungen zwischen den beiden nach dem Krieg entstandenen mächtigen Militärblöcken. Krieg, lange keine denkbare Methode der Konfliktlösung mehr zwischen den westeuropäischen Staaten, ist jetzt auch zwischen diesen und den anderen europäischen Staaten keine glaubhafte, jedenfalls keine politisch rationale Option mehr, Konflikte zu regeln. Krieg zwischen den inzwischen zu Demokratien gewordenen Staaten in Ost- und Mitteleuropa und den westeuropäischen Ländern, aber auch Krieg zwischen diesen und der Sowjetunion ist heute schon nicht mehr führbar. Die wachsende Erkenntnis über die sicheren katastrophalen Folgen von Krieg für hochempfindliche und daher hochverwundbare Gesellschaften weist auch auf die Kontinuität einer Demilitarisierung des Denkens hin, wie immer die innerpolitische Entwicklung in der Sowjetunion auch aussehen mag.

Wenn dies aber so ist, und infolgedessen Abschreckung

nicht mehr – wenn dies jemals der Fall gewesen sein sollte – eine notwendige oder sinnvolle Grundlage für die Verhinderung von Krieg ist, müssen alle Konsequenzen daraus für die Aufstellung, Unterhaltung und Ausrichtung von Streitkräften auf den Prüfstand gestellt werden. Dann brauchen die Staaten keine Streitkräfte zur Kriegführung mehr. Wozu aber dann? Werden Streitkräfte gegen neue Bedrohungen gebraucht? Gibt es nicht heute schon oder in absehbarer Zukunft eine wachsende Kriegsgefahr durch die Aufrüstung und militante Aggressivität von Staaten der sogenannten Dritten Welt? Sind Streitkräfte nicht ganz einfach der natürliche und selbstverständliche Ausdruck des Selbstbehauptungswillens eines freien Volkes?

Gewiß wird die Zukunft in Europa nicht ohne Konflikte sein. Aber die entwickelte Welt, das heißt Gesamteuropa unter Einschluß der Vereinigten Staaten und Kanadas, wird einen Krieg nach dem Muster des Zweiten Weltkriegs nicht mehr erleben, ja nicht überleben, welcher Art auch immer die Konflikte sein werden. Die vorhandenen Militärpotentiale sind aber ausschließlich und allein auf ein solches Kriegsbild ausgerichtet. Da es einen solchen Krieg nicht mehr gibt, nicht mehr geben kann, folgt: Gefährdungen für die europäischen Staaten entstehen selbst dann nicht, wenn diese auf den größten Teil ihrer unbrauchbaren Militärpotentiale verzichten. Daher können Nuklearwaffen auch einseitig bis auf einen eher symbolischen Bestand an Waffen zur »Minimalabschreckung« drastisch reduziert werden. Konventionelle Streitkräfte können auf ein Viertel bis auf ein Fünftel des heutigen Bestandes (Grundlage ist der verbleibende Bestand nach dem ersten Abrüstungsabkommen in Wien) abgebaut werden. Auch die Vorschläge, die verbleibenden kleineren Streitkräfte umzurüsten, das heißt, ihnen die großräumige Operations- und damit Angriffsfähigkeit zu nehmen, sind konsequent und folgerichtig.

Was nach einem solchen Schritt in den europäischen Staaten übrigbliebe, wären kleine, nur zur Landesverteidigung auf den eigenen Staatsgebieten befähigte Streitkräfte, die keinerlei Drohpotential gegenüber Nachbarstaaten mehr besäßen. Soldaten in diesen Streitkräften würden dann in der Tat nicht mehr zum Kriegsdienst ausgebildet, denn Krieg wäre nach objektiven Beurteilungskriterien zwischen den europäischen Staaten dann nicht mehr führbar. Gewiß würden Soldaten weiterhin die Bedienung von Waffen und Gerät erlernen. Diese künftige Befähigung von Soldaten läuft aber auf eine Art Rückversicherung hinaus, die lediglich für einen gewissen Übergangszeitraum noch behalten werden müßte. Dies wird wohl so lange so bleiben, wie das Denken über den Zusammenhang von Militär und äußerer Sicherheit noch nicht modernisiert worden ist. Es ist durchaus richtig, daß ein solches Militär nur ein Placebo wäre, das den Grund für seine Abschaffung schon deshalb in sich trägt. Auch spricht nichts dagegen, daß die Gesellschaften unter diesen Bedingungen einer funktionierenden Sicherheitsarchitektur in Europa auf die völlige Abschaffung des Militärs drängen.

Heißt das, daß die Welt vor einer Zukunft ohne Waffen und Militär stünde? Gewiß nicht. Zwar sind die Länder des Warschauer Vertrags und der NATO mit mehr als 80 Prozent an den globalen Militärpotentialen beteiligt. Etwa 800 Milliarden Dollar geben sie jährlich dafür aus. Es ist zu befürchten, daß noch nicht alle Staaten gleich in eine totale

Entmilitarisierung der Welt einstimmen. Das bedeutet, daß ein europäisches Sicherheitssystem, das seine inneren Beziehungen und seine innere Konfliktregelung völlig ohne Militär gestaltet, ohne eine Militärkomponente in einer noch nicht entmilitarisierten Welt nicht auskommt. Diese militärische Komponente darf aber nicht mehr nationalstaatlich organisiert sein und eine militärische Bedrohung gegenüber den anderen Regionen des Globus bewirken. Im Gegenteil: Soweit eine theoretisch mögliche militärische Gefährdung des europäischen Sicherheitssystems durch andere Staaten oder Staatenbündnisse objektiv existiert und politisch nicht wegverhandelt werden kann, dürfen internationale Friedenserhaltungsstreitkräfte nur in der Stärke und mit der Ausrüstung vorgesehen werden, die unbedingt zur Kompensation solcher Gefährdungen erforderlich erscheinen. Alles andere wäre nicht akzeptabel. Eine Verringerung der deutschen Streitkräfte nach Vereinigung von BRD und DDR auf ein Fünftel hätte zur Folge, daß etwa 100000 Mann in Waffen übrigbleiben.

Für eine solch kleine Streitkraft in einem über 70 Millionen Einwohner zählenden Land wäre die allgemeine Wehrpflicht kein geeignetes Instrument mehr. Die allgemeine Wehrpflicht als generelle staatliche Institution muß aber auch aus einem anderen Grund geprüft und gegebenenfalls in Frage gestellt werden. Sie diente in der Vergangenheit stets auch dazu, in einer Gesellschaft ein großes Reservoir an ausgebildeten Soldaten zu schaffen, aus dem im Falle einer Krise Reservisten für eine Kriegführung mobil gemacht werden. Wenn aber Kriegführung und schon gar diese Kriegführung der Vergangenheit keine politische Handlungsmöglichkeit mehr darstellt, brauchen die Gesellschaften auch dieses Reservistenpotential nicht mehr. Mit der allgemeinen Wehrpflicht entfiele aber auch der bisher einzige Dienst, den junge Bürger – nicht Bürgerinnen – für die Gemeinschaft leisten müssen. Es entfiele auch ein unentbehrlicher sozialer Hilfsdienst, der zivile Ersatzdienst, völlig. Zigtausende von jungen Männern, die bisher segensreich zum Wohle der Menschen in der Gesellschaft gearbeitet haben, wären durch Wegfall der allgemeinen Wehrpflicht und damit des Zivildienstes plötzlich aus den Kranken- und Sozialeinrichtungen verschwunden. Gewiß könnte jeder moderne Staat, der sich dazu aufgerafft hat, nicht mehr zig Milliarden Mark für eine sinnlose Rüstungsmaschinerie zu verschwenden, ausreichend soziale Dienste mit qualifiziertem Personal aufbauen und bezahlen. Das sollte er auch. Dennoch wäre eine Gesellschaft ohne die ganz bewußte Inpflichtnahme von jungen Bürgerinnen und Bürgern für soziale und/oder ökologische Gemeinschaftsleistung um eine menschliche Komponente ärmer.

Ich plädiere daher dafür, daß mit Wegfall der allgemeinen Wehrpflicht jungen Bürgerinnen und Bürgern auf freiwilliger Basis die Möglichkeit zur Ableistung eines sozialen oder ökologischen Jahres eröffnet wird. Entscheidend dabei ist, daß es gelingt, Dienstleistungen zu finden und sie so sinnvoll organisatorisch und administrativ auszugestalten, daß der Dienst, der im eigenen Staat oder aber in Ländern, die sich in der Entwicklung befinden, abgeleistet werden kann, von den jungen Bürgerinnen und Bürgern als ein persönlicher Gewinn empfunden wird. Da ein solcher Dienst auf jeden Fall international organisiert werden muß, dabei das entstehende europäische System einer gemeinsamen Friedensordnung die organisatorische Basis, zumindest für den Anfang sein könnte, könnte man von einem europäischen Friedensdienst für junge Menschen sprechen. Ein solcher Friedensdienst hätte demnach neben der persönlichen Bereicherung der heranwachsenden jungen Generationen auch den Effekt des internationalen Zusammenwachsens von supranationalen Gesellschaften in einer modernen Welt.

IV

Diskussion: Politiker, Friedensforscher, Publizisten

FRANZ ALT

Brief an einen jungen Soldaten

Juli 1990

Lieber Freund,
Du bist jetzt zehn Monate bei der Bundeswehr und hast Zweifel am Sinn Deines Soldat-Seins. Mit wachen Sinnen nimmst Du die politischen Veränderungen in Europa seit der 89er Revolution wahr und fragst mich: »Welchen Sinn hat jetzt noch die Bundeswehr? Wozu jetzt noch Soldaten? Verteidigung gegen wen eigentlich? Können junge Männer nicht einen zivilen, ökologieorientierten Aufbaudienst leisten anstelle der militärischen Feindorientierung?«
Alle Menschen haben Ideale, besonders junge Leute. Ich will Dir eine Geschichte erzählen, in der Du eine sinnvolle Alternative zum Soldaten-Beruf, an den Du früher einmal dachtest, erkennen kannst.
Welche Probleme haben wir heute weltweit? Was können auch junge Leute zu ihrer Lösung tun? Wir haben zwei Möglichkeiten. Entweder: Wir wirtschaften im 21. Jahrhundert so weiter wie im 19. und 20.:

- dann haben wir irgendwann keine Luft mehr zum Atmen, kein Wasser mehr zum Trinken und keine Böden mehr, in denen noch eßbare Lebensmittel wachsen;

- dann haben wir in 50 Jahren in Mitteleuropa ein Klima wie heute im Mittelmeerraum. Das heißt: kahle Landschaft und unfruchtbare Böden;
- dann erleben unsere Nachkommen das Ende der Natur mit dem abwechslungsreichen Jahreszeitenrhythmus von Frühling, Sommer, Herbst und Winter, so wie die Menschen es seit Tausenden von Jahren kennen.

Oder: Meterhohes Schilfgras wächst künftig auf den Feldern Europas. Die schnellwachsenden sogenannten C_4-Gräser ergeben viel Biomasse. Der Münchner Professor Wolfgang Ständer hat 1745 solcher Pflanzenarten entdeckt, die bisher vor allem in Asien wachsen. Sie können aber auch bei uns wachsen und zwar zehn- bis fünfundzwanzigmal so schnell wie der Wald. Sie liefern drei- bis viermal mehr Biomasse als die bisher in der Landwirtschaft bekannten produktivsten Pflanzen. Endlich eine alternative Energiequelle, die wirtschaftlich ist, im Gegensatz zu den bisherigen Bemühungen mit Alkohol und Rapsöl. Schilfgras aus Asien kann nämlich künftig Öl, Kohle, Benzin und Atomkraft ersetzen, denn wir können umweltfreundlich

- daraus Energie gewinnen;
- damit auch Autos bauen und fahren;
- Häuser bauen;
- und jede Art chemische Rohstoffe herstellen.

Dann werden Atomkraftwerke und Kohlekraftwerke Denkmäler einer vergangenen Epoche.

Dann ist die Luft wieder so sauber, daß wir frei durchatmen können.
Dann ist das Wasser in Seen und Bächen wieder so klar, daß wir es mit der Hand schöpfen und trinken werden.
Dann wissen die Landwirte wieder, welchen Sinn ihr Beruf hat.
Und junge Leute können sich dann wieder mit einer interessanten Berufsperspektive für die Landwirtschaft entscheiden.

Das ist doch Spinnerei oder zumindest Utopie, wirst Du jetzt einwenden. Das habe ich vor einem halben Jahr auch noch gesagt. Doch inzwischen weiß ich es besser. Ich will Dir erzählen, wie das kommt und was das mit Deiner Lebensperspektive als Noch-Soldat zu tun haben könnte.
Es gibt tatsächlich eine Möglichkeit zur Rettung unseres schönen Planeten, wenn wir die Chancen nutzen, die sich aus den heutigen politischen Veränderungen in Europa ergeben. Soldaten brauchen wir nicht mehr. Statt dessen Zukunfts-Arbeiter, Armeen von ökologisch gesinnten jungen Leuten! Der schon erwähnte ökologisch orientierte Münchner Professor zeigt einen Weg aus unseren Sackgassen.
Das Lebens- und Arbeitsprinzip von Wolfgang Ständer heißt: »Der Natur über die Schulter schauen.« Von ihm habe ich in den letzten Monaten gelernt, daß die Schöpfung Lösungen bereithält, von denen die meisten Menschen in ihrer verständlichen Zukunftsangst noch keine Ahnung haben.
Ständer ging vor vier Jahren im Botanischen Garten in München spazieren. Dort fiel ihm eine Schilfpflanze auf,

die in kurzer Zeit sehr hoch wuchs. Wolfgang Ständer, Chemie-Ingenieur, Physiker und Wasserwirtschaftler, hatte sich seit einigen Jahren schon mit Botanik beschäftigt, hauptsächlich mit der Frage: Wie kann aus Pflanzen Energie gewonnen werden? »Wenn Pflanzen so schnell wachsen«, sagte sich Ständer im Angesicht der Schilfpflanzen im Botanischen Garten, »dann müssen sie eine hohe Lichtumsetzungsfähigkeit besitzen.« Zu seiner großen Überraschung stellte er fest, daß weltweit bisher nur 0,5 Prozent aller Pflanzen agrarisch und forstwirtschaftlich genutzt werden. Dagegen blieben 99,5 Prozent aller Pflanzenarten bis heute unbeachtet, hinsichtlich einer wirtschaftlichen Nutzung, vor allem fast alle C_4-Pflanzen, die aber die beste Fotosynthese-Umsetzung haben, das heißt mit Hilfe der Sonne am schnellsten wachsen. Sie sind Kinder des Lichts. Ständer pflanzte Felder in München-Riem und in Griechenland mit Schilfpflanzen an. Und siehe da: Sie wachsen auch bei uns in gemäßigten Klimazonen. Sie werden zwischen vier und sieben Meter hoch. Nach der Ernte kann man die Schilfgräser maschinell leicht zu Staub zerkleinern. Der Staub wird in einer Brennkammer verbrannt. Über eine Turbine können Strom und Wärme erzeugt werden. Aus dem Pflanzenstaub können aber auch Treibstoffe für Autos gewonnen werden. Ja sogar für Karosseriebleche könnte man dieses Material verwenden oder für zementgebundene Faserplatten zum Häuserbau. Das Beseitigen von Autowracks wäre dann kein Problem mehr: Nach dem Ausbau aller metallischen Teile werden die ausgedienten Autos zerschreddert, dann vergraben und schließlich als Kompost genutzt.

Hat Wolfgang Ständer den idealen natürlichen Rohstoff

entdeckt? Fachleute sind immer mehr davon überzeugt. Nach großer anfänglicher Skepsis war ich mit Wolfgang Ständer inzwischen bei Hearings im Europäischen Parlament und im Bayerischen Landtag, bei Umweltminister Klaus Töpfer und bei anderen Fachleuten. BMW in München, Daimler-Benz in Stuttgart und der Energie-Konzern ENEL in Italien forschen bereits auf Anregung von Ständer.

Würden wir auch nur auf der Hälfte der in der Bundesrepublik brachliegenden landwirtschaftlichen Flächen die schnellwachsenden Pflanzen anbauen, dann würde das so viel Energie ergeben, daß wir sämtliche Atomkraftwerke der Republik abschalten könnten. Das Verfahren ist umweltverträglich, CO_2-neutral und entschieden billiger als Atomstrom oder Kohlestrom. Ein Fachmann eines großen Betriebes von Atomkraftwerken, der namentlich nicht genannt werden will, um von seinem Arbeitgeber nicht gefeuert zu werden, hat diese Rechnung aufgemacht: Eine Kilowattstunde Strom aus C_4-Pflanzen kostet sechs Pfennig, eine Kilowattstunde Atomstrom sechzehn Pfennig! Den Fachleuten hatte es zunächst die Sprache verschlagen, als sie von Ständers Entdeckungen erfuhren. Jetzt steht bereits die Phase der großtechnologischen Forschung und Entwicklung mit Hilfe von EG-Millionen an. Ein Vertreter des italienischen Energiekonzerns ENEL: »Das ist die Erfindung des Jahrhunderts.« Der Leiter der Fahrzeugforschung von BMW, Dr. Volker Schindler: »Ständers Erfindung rechnet sich ökonomisch und ist ökologisch CO_2-neutral.« Der FDP-Landwirtschaftsexperte Dr. Manfred Vohrer im Europäischen Parlament: »Ständer hat den Stein der Weisen entdeckt.« Umweltminister Klaus Töpfer:

»Ständers Erfindung ist nicht nur eine Herausforderung für eine Legislaturperiode, sondern für die Politik der nächsten 30 Jahre.«

Utopie oder Spinnerei, lieber Freund? Das fragen alle, die zum erstenmal von dieser idealen Energie- und Rohstoffquelle erfahren. Kaum einer kann es auf Anhieb fassen, weil die Lösung so einfach scheint. Sie ist einfach, und genau deshalb haben die Spezialisten so große Probleme, den ganzheitlichen Ansatz Ständers zu begreifen: Sein Konzept bleibt ökologisch im Kreislaufsystem. Nach seiner Vorstellung sollen die Pflanzen nicht mit Pestiziden behandelt, sondern mit pflanzlichen Abwehrstoffen versorgt und mit aufbereiteter Gülle und Abwasser gedüngt werden. Dann wird auch das Trinkwasser nicht verseucht. Die so gewonnene Energie macht die Landwirte endlich auch unabhängig von staatlichen Subventionen. Sie sind wieder motiviert für ihren wichtigen Beruf. Deshalb will die Europäische Gemeinschaft zur großtechnologischen Erforschung dieses revolutionären Energie- und Rohstoffe-Konzepts für die Jahre 1991 bis 1994 600 Millionen Mark zur Verfügung stellen.

Wenn ein großer Teil des Landes mit Schilfpflanzen bebaut wird, bedeutet diese Mono-Kultur nicht eine Verödung der Landschaft? Im Gegenteil!

Die 1745 dieser speziellen Pflanzenarten (perennierende C_4-Pflanzen), die Wolfgang Ständer auf seinen Reisen nach China und Arabien, nach Neuseeland und Sibirien entdeckt hat und die zu einfacher Energieproduktion taugen, garantieren schon ab Mai bis in den Spätherbst hinein ein grüneres, abwechslungsreicheres Landschaftsbild, als wir es bisher gewohnt sind. Landschaftsgärtner sind gefragt,

die fähig sind, dekorative Parklandschaften zu gestalten. Viele Chancen für junge Leute also! Schon in den jetzigen kleinen Versuchsfeldern tauchen wieder Vögel und andere Tiere auf, die dort bisher keine Nist- und Lebensmöglichkeiten mehr hatten.
Der Anbau der C_4-Gräser macht den Bauern wenig Arbeit und verspricht hohe Gewinne. Durch Zellteilung können die Pflanzen massenhaft vermehrt werden. Die Schilfgewächse wachsen jedes Jahr erneut wieder aus ihren Rhizomen und müssen also nicht immer wieder neu gepflanzt werden.
Ständer will keine riesigen Kraftwerke, die allein wegen der weiten Wege viel Energie verschlieren. Ihm schwebt ein Strom- und Wärmeselbstversorgungssystem (dezentral) vor: »Jede Gemeinde, jedes Stadtviertel kann eine eigene kleine Anlage haben und so totaler Energieselbstversorger sein. Die ortsansässigen Bauern liefern das Rohmaterial.«
Aus der zerkleinerten Biomasse, einem weißen Staub, kann mit Hilfe einer speziellen Turbine Strom erzeugt werden. Die dabei anfallende Abwärme wird für Heizzwecke genutzt.
Ständer ist ein Idealist. Die gesamten drei Millionen Mark, die er vom Verkauf seines früheren Polytechnischen Instituts erhielt, hat er in seine Forschungen für nachwachsende Rohstoffe gesteckt. Erst jetzt, nachdem sein privates Geld verbraucht ist, beginnen die Großforschungssubventionen aus Brüssel zu fließen.
Aber alle großen Erfindungen werden nie von einer Masse von Beamten, sondern von idealistischen einzelnen gemacht. Nobelpreise werden nicht an Denkfabriken, sondern an Individien vergeben.

Was die Politiker bei den bisherigen Anhörungen beeindruckte, war nicht nur das schnelle Wachstum der Pflanzen, sondern die Wirtschaftlichkeit und die Umweltfreundlichkeit des gesamten Konzepts. Die Biomasse setzt im Verbrennungsvorgang genausoviel CO_2 frei, wie die Pflanzen vorher bei der Fotosynthese binden. Diese CO_2-Neutralität ist wichtig für den Kampf gegen den Treibhauseffekt. Daimler-Benz rechnet damit, daß die für die Energiegewinnung benötigte Turbine in fünf Jahren serienmäßig gebaut werden kann. Der Durchmesser der Turbine ist mit zwölf bis fünfzehn Zentimetern winzig im Vergleich mit den großen Geräten in Atom- und Kohlekraftwerken.

Lieber Freund! Es war verhängnisvoll, eine ganze Industriegesellschaft fast ausschließlich von fossilen Energie- und Rohstoffträgern abhängig zu machen. Die heutige Notlage im Zeitalter des Treibhauseffektes und der Umweltkatastrophen zwingt uns zu einer radikalen Kurskorrektur. Sie ist nötig, aber auch möglich.

Mit Beginn des Industriezeitalters, und noch beschleunigt in den letzten vier Jahrzehnten, verwandelten wir eine sich über Jahrmillionen entwickelnde Tendenz abrupt in ihr Gegenteil: Den geologisch abgelagerten Kohlenstoff der fossilen Brennelemente schicken wir als CO_2 in die Luft, bewirken den Treibhauseffekt und zerstören das klimatische Gleichgewicht auf dem gesamten Planeten. Jetzt rächt sich, daß wir gedankenlos das Gleichgewicht der Natur mißachtet haben.

Naturschutz und die Erzeugung natürlicher Rohstoffträger sind miteinander vereinbar. Das Haupthindernis für ein neues Konzept ist immer der ungewohnte Gedanke. Ständers Konzept ist auch überzeugender und entschieden billiger als die bisherigen Konzepte der Solarenergie. Die Sonne ist der vorgegebene Reaktor. Und die für die Energienutzung notwendigen Solarzellen sind in Form von Pflanzenblättern auf natürliche Weise vorhanden. Im Gegensatz zu technischen Sonnen-Kollektoren, die eine Verunstaltung der Landschaft darstellen und keine speicherfähige Energie liefern, können Pflanzenprodukte – vor der Zerkleinerung – leicht gelagert werden. Nichts geht über die Natur, wenn wir ihre Vorgegebenheiten ausschöpfen – auch mit High-Tech-Methoden wie unterirdischer Bewässerung, Pflanzenversorgung mit Dünger und natürlichen pflanzlichen Schädlingsbekämpfungsstoffen, die Wolfgang Ständer seit Jahrzehnten in Griechenland und Libyen ausprobierte. Gülle und Nitratanreicherung im Trinkwasser wird es nicht geben, denn die ursprünglichen natürlichen Pflanzennährstoffe werden in Schläuchen unterirdisch mit dem Wasser dem Schilfgras wieder zugeführt und für das Wachstum der Pflanzen genutzt. Erst wenn die letzte Düngemittelfabrik geschlossen ist, wird unsere Umwelt wieder in Ordnung sein.

Lieber Freund! Wir können, wenn die Politiker die Weichen entsprechend stellen, im nächsten Jahrhundert die gesamte Energie, aber auch einen Großteil der chemischen Rohstoffe ausschließlich aus natürlich gewachsener Biomasse erzeugen. Entscheidend werden Einsicht und politischer Wille sein, ein solches Ziel zum Nutzen der Volkswirtschaft und der Ökologie anzustreben.

Das hier beschriebene Konzept scheint heute noch utopisch. Doch die Utopien von heute waren oft die Realitäten von morgen. Wenn die Politiker jetzt an die Realisierung dieser Utopie gehen, ähnlich wie John F. Kennedy 1962 an

seine Utopie, innerhalb von zehn Jahren müßten Amerikaner auf dem Mond landen, dann bräuchten sie um ihre Wiederwahl nicht zu fürchten.
Eine internationale Kraftanstrengung wie vor vierzig Jahren zugunsten der Atomenergie ist jetzt nötig zugunsten der Gewinnung von Energie und Rohstoffen aus den wuchsstärksten Pflanzen der Welt.
Viele, die dieses Konzept verstanden haben, sprechen von einem Wunder und bezeichnen die C_4-Pflanzen als Wunderpflanzen. Ich sehe es nüchterner: Wir haben jetzt eine natürliche Lösung für Probleme, die bisher unlösbar schienen. Wolfgang Ständer hat die ideale Energie- und Rohstofflösung entdeckt – nicht mehr, aber auch nicht weniger. Sensationell ist allenfalls, daß vor Ständer keiner darauf kam. Was beweist, wie abgespalten wir bereits von der Natur leben. Daraus müssen wir grundsätzlich lernen, dann werden wir noch ganz andere Entdeckungen machen. Die natürlichen Problemlösungen, die auch auf Deine Mithilfe warten, junger Freund, liegen außerhalb des Militärischen. Schwerter zu Pflugscharen! Schwerter zu Schilfgras! Du kannst Dich jetzt zwischen sinnloser und sinnvoller Arbeit entscheiden. Eine bessere Welt wartet auf Dich und braucht Dich.

Ich grüße Dich herzlich

Dein Franz Alt

Rainer Eppelmann

Wehrdienst und Zivildienst in einem Entwicklungsprozeß

Die Vorstellung ist faszinierend: die europäischen Armeen umgewandelt zu einem neuen ökologischen Friedensdienst. Und ich denke nicht daran, Wasser in den Wein zu gießen.

Bereits vor unserer friedlichen Revolution des Herbstes 1989 haben die DDR-Kirchen – in den letzten zwei Jahren gemeinsam in der Ökumenischen Versammlung – diese Aufgabe bedacht. Nach dem Herbst 1989 haben wir die Möglichkeit geschaffen, dieses Problem von zwei Seiten anzugehen, durch entsprechende Aufgabenstellungen für die Armee und durch den Aufbau eines Zivildienstes.

Schon in der Modrow-Regierung im Frühjahr 1990 konnte ich als Minister ohne Geschäftsbereich dazu beitragen, daß die Wehrpflicht durch eine Dienstpflicht ersetzt wurde. Jeder junge Mann kann heute bei uns frei wählen – ohne Gewissensprüfung und ohne sonstigen Druck – ob er dieser Dienstpflicht bei der Armee oder in einem Zivildienst nachkommen möchte.

Die von Hans-Eckehard Bahr vorgeschlagene Entwicklung muß natürlich mit schnellen und umfassenden Abrüstungsmaßnahmen beginnen. Als mich Lothar de Maizière fragte, ob ich in seiner Regierung das Ressort für Verteidigung übernehmen würde, habe ich unter der Bedingung zugestimmt, daß ich das Ministeramt für Abrüstung und Verteidigung übernehmen würde, in dieser Reihenfolge – als Programm. Er hat sich damit einverstanden erklärt.

Heute umfaßt die Nationale Volksarmee bei einer Sollstärke von 160000 nur noch 97000 Mann. Es ist zu hoffen, daß nach den anstehenden Verhandlungen die Armee auf 50000 bis 70000 Mann reduziert werden kann.

Aber man kann Soldaten nicht einfach nach Hause schikken. Ich fühle mich als Abrüstungsminister auch für die Menschen sozial verantwortlich, die dann ihre Arbeitsplätze aufgeben müssen. Die Erstellung entsprechender Konversionsprogramme gehört zum Aufgabenbereich unserer Armee und erfordert den Einsatz vieler Fachkräfte. Eine große Aufgabe in diesem Zusammenhang stellt auch die technische Abrüstung bei optimaler Nutzung beziehungsweise beim Umbau von Immobilien und militärischem Gerät für zivile Zwecke dar.

Bei der Umwandlung der Nationalen Volksarmee in eine defensiv strukturierte Territorialarmee im Rahmen der gesamtdeutschen Streitkräfte wird ein erheblicher Teil militärischen Großgerätes eliminiert. »Schwerter zu Pflugscharen« ist ein schönes Bild, es war das Symbol unserer Friedensarbeit vor der Wende. Die Praxis zeigt aber, daß die Konversion von Rüstungsgütern häufig kostenaufwendig und ökologisch nicht unbedenklich ist. Deshalb bin ich froh, daß die sowjetische Armee von mehr als 20 SS-23-Raketen die Triebwerke zur Zerstörung in die Sowjetunion abtransportiert hat. Es gibt bei uns kein Verfahren, SS-23-Triebwerke zu vernichten, ohne daß in den dichtbesiedelten Ballungsräumen erhebliche und nicht zu verantwortetende Umweltschäden entstehen.

Abrüstung und Konversion sind also mit aufwendigen und komplizierten Aktionen und Programmen verbunden. Auf internationale Kooperation und Arbeitsteilung kann deshalb auf Dauer nicht verzichtet werden. Junge Menschen aus verschiedenen Ländern könnten sinnvollerweise in multinationalen Konversionsabteilungen unter der Leitung von Abrüstungsoffizieren zusammenarbeiten, um beispielsweise Schießplätze, Manövergelände und Tanklager zu rekultivieren.

Entsprechend unserer Militärkonzeption besteht eine weitere Aufgabe der Armee darin, den ökologischen und ökonomischen Erfordernissen des Landes Rechnung zu tragen, das heißt, ihr Einsatz bei Havarien, Katastrophen und Umweltschäden. Ich kann mir gut vorstellen, daß die Armee künftig stärker für zivile Aufgabenbereiche verfügbar ist, obwohl wahrscheinlich ein gewisser militärischer Anteil weiterhin existieren wird, der unter internationaler Aufsicht in integrierter Form für Zwecke der Konflikteindämmung oder -lösung bei ethnischen und Grenzkonflikten zur Verfügung steht.

Die Zivildienstleistenden – ihre Zahl liegt gegenwärtig etwas unter 20000 Mann – werden völlig getrennt vom Militär für soziale und pflegerische Aufgaben sowie im Bereich des Umweltschutzes eingesetzt. In gewisser Weise ist damit dem Vorschlag von Hans-Eckehard Bahr bereits Rechnung getragen. Ich halte es aber durchaus für praktikabel, daß hier gemeinsame Abteilungen, insbesondere mit den osteuropäischen Nachbarn, gebildet werden, die junge Menschen im Dienst für Mitmenschen und für die Umwelt zusammenführen und zu blockübergreifender Vertrauensbildung und Verständigung beitragen.

Für die nächste Zeit kommt es darauf an, den von uns gesetzten Impuls auch im vereinten Deutschland wirksam werden zu lassen. Das kann niemand für sich allein schaffen. Die Öffentlichkeit, die Friedensbewegung, kann aber in entscheidendem Maße dazu beitragen. Wir, die Abrüster im Regierungsamt, brauchen ihre kritische Solidarität.

ERHARD EPPLER

Friedensbewegung und Realpolitik

Es gibt nicht wenige Beobachter, die den Umbruch im Osten und in Zentraleuropa, vor allem die friedliche Revolution in der DDR, jener Politik der Stärke zuschreiben, die sie immer propagiert haben, insbesondere dem Bemühen Ronald Reagans, die ökonomisch hoffnungslos unterlegene Sowjetunion zu Tode zu rüsten. Weil der Westen seine Muskeln spielen ließ, sei mit der Hoffnung auf Expansion und Weltrevolution das System des Marxismus-Leninismus in sich zusammengebrochen.

Ich möchte nicht bestreiten, daß in dieser neuen Version hergebrachter Machtpolitik ein kleines Stückchen Wahrheit enthalten sein könnte. So schön ist diese Welt nicht, daß man dies ausschließen könnte. Gustav Heinemann hätte dazu wohl gesagt: »So ist Politik gemacht worden, seit es Menschen gibt.« Aber wahrscheinlich ist dies wohl doch nur ein geringer Bruchteil der – nie ganz auszulotenden – geschichtlichen Wahrheit. Da ist der simple, aber unwiderlegbare Einwand, es seien nicht die Atomraketen oder Kampfflugzeuge des Westens gewesen, die die Menschen auf der anderen Seite rebellisch machten, sondern die glitzernde Konsumwelt, die effizientere Wirtschaftsordnung, der höhere Lebensstandard. Wenn sich im Wahn

jemand mit Lorbeer schmücken will, dann doch eher die Ökonomen als die Militärs.
Aber da ist noch ein anderer Einwand von sehr viel größerem Gewicht: Die Revolutionen des Jahres 1989, zumal die in der DDR und in der ČSFR, sind von Menschen gemacht worden, die in ihrer Mehrheit weder durch westliche Fernsehwerbung noch durch westliche Waffentechnik sonderlich beeindruckt wurden. Gerade in der DDR war es letztlich die christliche Friedensbewegung, die das SED-Regime besiegt hat. Und diese Friedensbewegung verstand sich durchaus als Ableger jener westlichen Friedensbewegungen, die genau der Politik der Stärke entgegentraten, die sich heute bestätigt fühlt.
Leipzig ist ein gutes Beispiel dafür, wie nach der gewaltig-gewaltlosen Bonner Friedensdemonstration am 10. Oktober 1981 in Bonn der Funke übersprang, wie Friedensgebete begannen und Friedensgruppen zusammenfanden. Natürlich: Niemand von den 300000 Menschen, die, an den heruntergelassenen Jalousien der Bonner Geschäfte vorbei, im Bonner Hofgarten zusammenströmten, hat auch nur einen Augenblick daran gedacht, daß sie etwas mit dem Sturz der SED-Herrschaft in der DDR zu tun haben könnten. Es kam, wie meist in der Geschichte, anders, als die Akteure glauben und wollen. Der Geist des Friedens, der im Hofgarten spürbar wurde, hat nicht bewirkt, was als unmittelbares Ziel proklamiert war. Er hat die Stationierung der Raketen nicht verhindert. Aber diese 300000 meist jungen Menschen, die eben nicht nur Frieden forderten, sondern Frieden praktizierten und ausstrahlten, haben doch etwas Neues, Starkes, Unerhörtes in unsere Geschichte eingeführt, das weiterwirkte; stärker, als die unmittelbar Betei-

ligten wahrnehmen konnten. Nicht allzulange danach konnte man vom ersten Mann einer Supermacht, von Michail Gorbatschow, Sätze hören, die keineswegs zufällig an Gedanken der Friedensbewegung anknüpften. Und in der DDR entstand durch die christliche Friedensbewegung eine Kraft, die für die Kommunisten dadurch gefährlich wurde, daß sie sich beim besten – oder genauer: beim schlechtesten – Willen nicht in das Raster der parteioffiziellen Feindbilder zwängen ließ.
Frieden, das war doch die zu Tode gehetzte Parole der SED-Propaganda. Und natürlich waren diese jungen Leute gegen die neuen US-Raketen, aber eben auch gegen die sowjetischen. Sie ließen sich nicht vor den kommunistischen Karren spannen, sie beriefen sich auf die Kräfte in der Bundesrepublik, die von der kommunistischen Propaganda als Zeichen der Hoffnung gefeiert wurden, nicht auf die Kalten Krieger, die der DDR ans Leder wollten. Wir sollten in der DDR als Klassenfeind abgetan werden, und im Westen wurden wir als anti-imperialistische Opposition eingestuft. Diese jungen Leute waren zwar widerborstig und aufsässig, aber der Klassenfeind waren sie offenkundig nicht.
Nicht die Divisionen der NATO haben die Sicherheitsorgane der DDR ratlos gemacht, sie ließen sich leicht einordnen. Es war eine qualitativ neue Friedensbewegung, die sich den ideologischen Kategorien des Westens wie des Ostens entzog. Sie hat die Revolution ausgelöst.
Es gehört zu den Paradoxien der deutschen Geschichte, daß einer unserer größten Revolutionäre uns einen schwer überwindbaren Horror vor der Revolution eingejagt hat. Martin Luther, der sich gegen die beiden Autoritäten seiner

Zeit erhob, der Papst und Kaiser trotzte und sich gegen beide behauptete, hat schon wenige Jahre danach im Bauernkrieg die gewaltsame und schließlich jegliche Umwälzung der politischen Machtverhältnisse zur politischen Ursünde erklärt. Und seine Kirchen haben sich später von niemandem übertreffen lassen, wenn es um Treue zum Fürstenhaus, aber auch um schlichte Untertanengesinnung ging. Gustav Heinemann hat wohl manchen guten Lutheraner schockiert, als er, der dritte Präsident unserer Republik, sich hartnäckig darum bemüht hat, die revolutionären Traditionen Deutschlands bewußt zu machen und zu würdigen. Denn die evangelischen Kirchen in Deutschland, deren Synode Heinemann vorgestanden hatte, waren immer auf der Seite der Obrigkeit gewesen: 1848, 1849, 1918. Diese Kirchen hatten die Privilegien verteidigt, die beim Bündnis von Thron und Altar für sie abfielen. Und noch auf der Barmer Synode der Bekennenden Kirche 1934 hätte eine Umfrage unter den Synodalen, die der Gleichschaltung durch die Nazis trotzten, eine klare Mehrheit gegen die Republik und für die Monarchie ergeben.
Entsprechend war in Deutschland das Bild des Revolutionärs. Revolutionäre waren für die meisten Deutschen finstere Gestalten, Männer mit stechenden Augen, in der Tat nur Männer, Fanatiker ohne menschliche Regung, vor allem ohne jeden Humor. Die Menschen, von denen gesagt wird, sie hätten mit ihrem Tun die erste erfolgreiche Revolution in Deutschland ausgelöst, sind das genaue Gegenteil dessen, was sich die meisten Deutschen unter Revolutionären vorstellen. Sie waren von unbequemer Friedfertigkeit, aber sie waren nicht verbissen, sondern offen, freundlich, witzig, humorvoll; ja, sie konnten sich in ihre

Gegner hineindenken, ihre Ängste mitfühlen. Sie standen ja alle zuerst einmal *für* etwas und erst dann *gegen* etwas. Ihnen ging es um Frieden, Gerechtigkeit und Bewahrung der Schöpfung und das, was seit dem Düsseldorfer Kirchentag von 1985 der konziliare Prozeß genannt wird. Auch wenn es vielen nicht gefällt und in manche Weltbilder gar nicht passen mag: Die Freiheit in der DDR ist zuerst und zuvörderst von der christlichen Friedensbewegung vorbereitet und erstritten worden. Und wenn ich Friedensbewegung sage, dann meine ich auch die vielen Gruppen, die sich um die Bewahrung der Schöpfung, um Gerechtigkeit gegenüber der Zwei-Drittel-Welt und natürlich auch Gerechtigkeit im eigenen Land zu kümmern versuchten. Die Revolution – und das war eine klassische Revolution, weil sie die gesellschaftlichen, politischen Verhältnisse völlig umgewälzt hat –, diese Revolution wurde nicht von denen in Gang gesetzt, die sich, übrigens zu Recht, über den geringeren Lebensstandard ärgerten, es sei denn dadurch, daß sie ihr Land verließen. Die Revolution wurde auch nicht gemacht von den patentierten Antikommunisten. Erst recht nicht von den Konservativen, zumal nicht denen in der Kirche, die meist auch der kommunistischen Obrigkeit untertan waren, vielleicht knurrend, gelegentlich hassend, aber eben untertan.

Vielleicht konnte nur der christlichen Friedensbewegung eine so unerwartet friedliche, so ganz und gar gewaltfreie Revolution gelingen. In den Leipziger Montagsgebeten, die immer schon um 17 Uhr begannen, weil der Küster, im Süden wäre es der Mesner, seinen Feierabend haben sollte, gehörten die Seligpreisungen der Bergpredigt zur eisernen Ration, also auch die Zusage, daß die Sanftmütigen das

Erdreich besitzen werden. »Meine größte Freude ist«, sagte Christian Führer, der Gemeindepfarrer von St. Nikolai an Weihnachten 1989, »daß der Geist Christi der Gewaltlosigkeit gleichermaßen Christen wie Nichtchristen erfaßt und der Druck der Straße die gesellschaftlichen Veränderungen auf friedlichem Wege möglich gemacht hat.« Horst Sindermann, der frühere Präsident der Volkskammer, hat sechs Tage vor seinem Tod dem »Spiegel« gestanden, die friedlichen Revolutionäre in der DDR hätten dem Sicherheitsapparat ganz einfach das Feindbild gestohlen. In diesen meist jungen Menschen hätten auch verbohrte SED-Leute nicht den konterrevolutionären Klassenfeind erkennen können. Und dann wörtlich: »Der gewaltfreie Aufstand paßte nicht in unsere Theorie. Wir haben ihn nicht erwartet, und er hat uns wehrlos gemacht.« Sindermann ist vielleicht der einzige, der offen sprechen konnte, weil er wußte, daß er nicht mehr lange zu leben und auch nichts mehr zu verlieren hatte. Und ich glaube, dieses Wort wird in die Geschichtsbücher eingehen. So war es, und so war es in einem Volk, wo es mindestens seit einem Jahrhundert zum guten Ton gehört hatte, immer wieder zu versichern, mit der Bergpredigt lasse sich nun einmal keine Politik machen.
Hier wurde zwar nicht bewußt mit der Bergpredigt Politik gemacht, so wie man mit dem großen C Politik macht, aber hier ist die politische Sprengkraft der Bergpredigt spürbar geworden. Diese Demonstranten, die da aus den Kirchen herausdrängten, entsprachen so gar nicht dem Bild vom konterrevolutionären Klassenfeind. Sie strahlten Frieden aus, und sie übten, was Carl Friedrich von Weizsäcker intelligente Feindesliebe genannt hätte. Sie wollten diesem Gegner, wie Friedrich Schorlemmer damals in einem denk-

würdigen Radiointerview sagte, nicht die Angst einjagen, die der Staatssicherheitsdienst ihnen einzujagen versucht hatte. Diese Demonstranten riefen nicht: »Stasi an den Galgen«, sondern »Stasi in den Tagebau!« Sie klagten nicht an; sie riefen einfach: »Wir sind das Volk.« Und manche ihrer Slogans waren sogar voll Witz und Humor, wie jener unvergeßliche »Das Volk braucht die SED wie der Fisch das Fahrrad«.

Weil die christliche Friedensbewegung die Feindbilder in sich bekämpft und überwunden hatte, nahm sie den Herrschenden ihr Feindbild. Und auch der Abbau von Feindbildern hat, wie der Aufbau, seine Dynamik. Denn jetzt, wo es den Marxismus-Leninismus so nicht mehr gibt, fehlt auch hierzulande manchem sein Feindbild.

Es ist kein Zufall, daß solche Menschen die Freiheit von autoritärer Bevormundung erkämpften, die sich zuerst selbst freigemacht hatten von Haß, Aggression und Rachsucht. Und das ist eben das absolut Neue, geschichtlich Neue in dieser Form von Revolution.

Eine herrschende Schicht riskiert nur dann das eigene Leben – und wer schießt, riskiert sein Leben –, wenn sie jenseits ihrer Herrschaft nur noch den Tod erkennen kann. Es war wichtig, daß die Funktionäre der SED, auch des Staatssicherheitsdienstes, jenseits ihrer Herrschaft noch eine Lebenschance erhoffen, ja erwarten konnten. Eine sehr viel bescheidenere, vielleicht sogar eine nach einer Gefängnisstrafe, aber eben doch eine Lebenschance. Ein unblutiger Umbruch in der DDR war nur möglich, weil die Integration der meisten der zweieinhalb Millionen SED-Leute in eine neue Ordnung zumindest denkbar blieb. Das aber haben nicht diejenigen bewirkt, die jetzt schon wieder die Feindbilder restaurieren wollen, von denen sie politisch so gut leben konnten, sondern es waren die christliche Friedensbewegung in der DDR und in sehr viel geringerem Maße diejenigen in der Bundesrepublik, die in unzähligen Gesprächen dafür sorgten, daß für die SED auch nach außen an die Stelle abstrakter Feindbilder menschliche Gesichter traten.

Friedlich konnte die Revolution nur siegen, wenn neben der Bewegung außerhalb und gegen die Staatspartei auch eine Bewegung innerhalb der SED stattfand, in den Köpfen und gelegentlich auch in den Herzen ihrer Mitglieder. Der Sturm auf ein einziges Stasi-Gebäude hätte diese Bewegung innerhalb der SED blockiert. Die Revolution von 1989 war nicht erfolgreich, obwohl sie friedlich war, sondern weil ihre eingeübte Friedfertigkeit das Schießen absurd erscheinen ließ. Und das Schießen war das einzige Machtmittel, das den Herrschenden noch blieb. Das Wort, die Sprache hatte längst ausgedient, denn die Sprache der Herrschenden hatte sich unendlich weit von der Wirklichkeit des Landes entfernt.

Es bleibt das große Verdienst der evangelischen Kirchen in der DDR, daß sie den konziliaren Prozeß für Frieden, Gerechtigkeit und Bewahrung der Schöpfung zu ihrem Thema machten und den Gruppen Obdach gewährten, die, radikaler als die Kirche selbst, dafür eintraten.

Ohne das spannungsreiche Miteinander, Füreinander und gelegentlich sogar Gegeneinander von verfaßter Kirche und Basisgruppen wäre nicht möglich geworden, was geschehen ist. Daß Kirche, vor allem Kirche für andere sein müsse, war in der Kirche hier wie dort, hier noch mehr als dort, immer umstritten. Aber wenn die Kirchen in der DDR nicht auch Kirche für andere gewesen wären, dann hätte es die Ereignisse vom 9. Oktober nie gegeben.

Als nach der großen Friedensdemonstration im Bonner Hofgarten am 10. Oktober 1981 der Funke in die DDR übersprang und sich die Friedensgruppen in der DDR sammelten, begannen in der Nikolaikirche in Leipzig auf Vorschlag des Diakons Johannsen die regelmäßigen Friedensgebete. Superintendent Magirius hat diese Gottesdienste durchgehalten, als nur ganz wenige kamen, als fast nur Ausreisewillige zusammenströmten, als aus dem Friedensgebet etwas ganz anderes zu werden drohte. Er hat durchgehalten gegen Widerstände innerhalb der Kirche, vor allem aber gegen den immer stärkeren Druck von Partei und Staatssicherheit. Er ist beharrlich bei seiner Sache geblieben, nicht weil er Revolution im Sinne hatte, sondern weil er, so wie er war, nicht anders konnte.

Und weil es viele gab, die nicht anders konnten, deshalb haben sie die Freiheit erstritten.

In einem Interview hat Magirius gesagt, in seinen Auseinandersetzungen mit der Staatsmacht hätte er sich angewöhnt, »immer durchsichtig zu sein und nicht zweierlei Meinungen zu vertreten, eine offizielle und eine inoffizielle, sondern erkennbar zu bleiben«. Wir im Westen wissen nicht, was dieses Erkennbarwerden und vor allem das Erkennbarbleiben in der DDR an Mut und Konsequenz gekostet und erfordert hat. Aber daß viele erkennbar wurden und das unter Druck von allen Seiten blieben, das war vielleicht der entscheidende Schritt zur Freiheit.

Was die christliche Friedensbewegung in der DDR auf den Weg brachte, mündet nun in deutsche Einheit. Gustav Heinemann hätte sich darüber gefreut. Und er hätte Mühe gehabt, manche von denen zu verstehen, die diese Einheit schon deshalb fürchten, weil sie die Einheit ist. Worüber Heinemann sicher erschrocken wäre, das ist die brutale Art, mit der diese erste erfolgreiche Revolution unserer Geschichte nachträglich niedergewalzt wurde und niedergewalzt wird, nicht durch Panzer, weder durch deutsche noch durch sowjetische noch durch amerikanische, sondern durch den verständlichen Wunsch einer Mehrheit, endlich für gute Arbeit gutes Geld zu bekommen und durch die zynische Hemdsärmeligkeit, mit der dieser Wunsch in der Bundesrepublik parteipolitisch ausgenutzt und vermarktet wird.

Wenn es nun wieder ein vereintes Deutschland geben wird, und das ist gut so, dann werden wir hartnäckig daran erinnern, wo seine Ursprünge liegen. Wir dürfen nicht zulassen, daß die neue Realität, die aus ihren Träumen von Frieden und Gerechtigkeit erwuchs, allein den zynischen Manipulatoren der Macht überlassen bleibt. Wir müssen darauf bestehen, daß ein Deutschland, das erst nach dem Aufstand der christlichen Friedensbewegung zusammenwachsen konnte, sich anders verstehen und verhalten muß als das Deutschland, das in drei Kriegen mit Blut und Eisen geschaffen oder – wie man damals sagte – geschmiedet wurde.

Wie die Friedensbewegung Geschichte gemacht hat, reale Geschichte, so könnte künftig in Deutschland Pazifismus zur Realpolitik werden. Dieses neue Deutschland wird, ob es will oder nicht, ökonomisch so stark sein, daß andere, vorläufig Schwächere, Furcht ankommt. Dies gilt nicht nur für Polen, Tschechen oder Russen, sondern auch für manche Briten oder Franzosen. Daran können wir nichts ändern. Ökonomische Dynamik kümmert sich nicht um gutgemeinte Mahnungen. Wir können uns ökonomisch nicht kleiner machen, als wir sind. Aber eben weil dies so ist, haben wir Deutschen ein Interesse daran, uns militärisch so klein wie möglich zu machen. Es könnte sogar sein, daß im neuen Europa die Deutschen um so unangefochtener und damit sicherer leben, je bescheidener ihr militärischer Aufwand bleibt. Sicherheit wird immer weniger eine Frage der Armeen. Und im Fall Deutschland könnte die Armee eher zu neuem Argwohn und damit zu Unsicherheit führen.

370000 Mann für eine gesamtdeutsche Armee – daraus kann im Zeitalter der europäischen Integration und der außereuropäischen Weltmächte keine militärische Bedrohung entstehen – so meint die Bundesregierung, und sie hat fast alle vernünftigen Argumente für sich. Nur: Überfordern wir unsere Nachbarn nicht, wenn wir, ein halbes Jahrhundert nach dem Zweiten Weltkrieg, uns nur an ihre Vernunft wenden? Und vor allem: Wir werden ja nicht deshalb sicher sein, weil diese 370000 Mann uns im Ernstfall »verteidigen« könnten, sondern weil sie in ein Sicherheitssystem eingebaut sein werden, das diesen Ernstfall nach menschlichem Ermessen ausschließt. Und warum müssen es dann gerade 370000 sein? Muß die Obergrenze auch die Untergrenze sein? Vielleicht wäre es psychologisch sogar klug, eine international gesetzte Obergrenze zu unterschreiten, klug nach innen und außen. Nach innen: Wir könnten alle Erinnerungen an Versailles damit auslöschen; wir dürfen, aber wir müssen nicht. Wir tun, was gut ist für uns und andere. Nach außen: Der deutsche Militarismus scharrt nicht mit den Hufen.

Schließlich werden alle Armeen Europas künftig an dem leiden, was Fachleute den »Mangel an Motivation« nennen. Junge Menschen wollen heutzutage wissen, wozu sie dem Staat ihre Zeit opfern. Feindbilder verblassen, und sie lassen sich nicht restaurieren. Es könnte sein, daß die Offiziere sich selbst umsehen nach Beschäftigungen, deren Sinn den Soldaten einleuchtet, zumal für die Zeit nach der Grundausbildung. Und es ist dann eher wahrscheinlich, daß sich im Laufe der Jahre der Schwerpunkt verlagert vom Militärischen zum Zivilen. Das wären dann Jahre – oder Jahrzehnte? – des Lernens, für die Armee und für die kritische Öffentlichkeit. Wenn dann zum Schluß die Frage aufkäme: »Muß das alles noch sein? Können wir das nicht einfacher – und billiger – haben?« Tant mieux!

Auch die Gedanken Hans-Eckehard Bahrs werden nie so verwirklicht, wie sie vorgetragen wurden. Aber sie können das Nachdenken in eine Richtung lenken, in der Zukunft sich öffnet.

ROBERT JUNGK

Statt »Friedensdienst« Finanzierung Tausender friedlicher Projekte

Lieber Hans-Eckehard,
Dein Vorschlag, aus Bundeswehr und Nationaler Volksarmee eine große ökologische Zivildiensttruppe zu machen, erscheint auf den ersten Blick verführerisch. Doch je länger ich darüber nachgedacht habe, desto mehr Bedenken haben sich eingestellt.

Mir – und wohl nicht nur mir – erscheint jede größere organisierte Truppe, gleich welche Ziele sie verfolgen mag, als eine Art von »Menschen-Maschine«, die zentral geleitet als Instrument eingesetzt werden kann. Militär wird nicht nur durch Waffenbesitz und – in Friedenszeiten – potentielle Gewaltbereitschaft definiert, sondern auch durch seine hierarchische Organisation. Da es sich beim Friedensdienst wie beim Militär nicht um kleine überschaubare Gruppen handelt, in denen die Kreativität und der Wille jedes einzelnen ihren Ausdruck finden können, sondern um eine Massenorganisation mit kaum vermeidlichen Zwängen, würde eine Transformation, die sich nur andere Ziele setzt, aber weitgehend die gleichen oder ähnliche Strukturen beibehält, auch künftig eine Gefahr für Menschenwürde und Demokratie darstellen.

Der Einwand, daß in diesen Formationen ein anderer Geist

herrschen solle und würde, übersieht die wissenschaftlich bekannte und durch die Praxis erhärtete Erfahrung, daß soziale Formen auch weitgehend soziale Inhalte bestimmen. Als Theologe wirst Du Dir vermutlich Gedanken über die »militante Kirche« gemacht haben, über das Verschwinden christlicher Spiritualität unter dem Druck einer Institution, die das verraten muß, was sie predigt, um überleben zu können.

Nein, um Gottes willen – und ich meine in der Tat um *Gottes* willen – keine solche oberflächliche Konversion, die, wenn der Wind einmal wieder etwas anders weht, vermutlich sehr schnell zu ihren alten bösen Zwecken rückverwandelt werden könnte.

Eine formierte Masse junger Menschen – nur das nicht! Sie würden bald »ökologische Schlachten« schlagen, sie riefe man immer wieder zur »Mobilisierung konstruktiver Energien« auf, damit die »strategischen Ziele« irgendwelcher Friedens-Generalstäbler erreicht werden können.

Wie schlecht solche oberflächliche »Konversion« laufen kann, haben unsere amerikanischen und sowjetischen Freunde erfahren, als sie Rüstungsfabriken schnell auf zivile Produktion umstellen wollten. Es zeigte sich nämlich, daß Betriebe, die auf Rüstungsgüter ausgerichtet waren, zivile Güter um ein Vielfaches teurer und noch dazu schlechter herstellten, weil weder ihre Mentalität noch ihre Struktur veränderungsfähig waren.

Was also tun? Dazu nur ein paar erste Andeutungen. Befreit werden durch Abrüstung ja nicht nur Menschen, sondern auch beträchtliche wirtschaftliche Mittel. Die sollten nicht in Aufbau, Erhalt und Finanzierung eines europäischen Friedensdienstes gesteckt, sondern vor allem zahlreichen zukunftsträchtigen Plänen von einzelnen wie von Bürgerinitiativen zur Verfügung gestellt werden, falls sie sich notwendig, aber marktwirtschaftlich nicht oder nicht sofort gewinnbringenden Aufgaben sozialer oder ökologischer Natur widmen wollen.

Ich habe die Erfahrung gemacht, daß es zur Zeit Hunderte und Hunderte Projektvorschläge aus allen Schichten der Bevölkerung gibt, die wesentlich zu einer Vermenschlichung der Gesellschaft beitragen könnten, aber aus Mangel an Mitteln gar nicht oder nur zeitweise und unvollkommen verwirklicht werden. Arbeitslose – und zu denen würden ja auch viele ehemalige Angehörige der Armee nach deren Auflösung gehören – sollten bei der Vergabe solcher Mittel bevorzugt behandelt werden. Sie würden dann, statt als Reservearmee eines in die Krise geratenen Systems zu funktionieren, zu Pionieren einer humanen Zivilisation werden.

Ich stelle mir mit ehemaligen Rüstungsgeldern gespeiste »Finanzierungsämter« vor, die den Bürgern, die bisher nur das Finanzamt kennen, welches ihnen Geld nimmt, Geld gibt, wenn sie konstruktive und faszinierende Entwürfe vorlegen können. Eine solche bürgerfreundliche Behörde würde ich »Saatbeet« nennen, um deutlich zu machen, daß hier Keime eines blühenden Friedens gesetzt werden.

Aus Soldaten sollten schöpferische, von Zivilcourage statt verordnetem Mut beseelte Bürger werden, die sich nicht Befehlen, sondern selbstgesetzten Aufgaben verpflichten. Ich stelle mir zur Unterstützung dieses Vorhabens die Gründung einer europaweiten Bewegung für friedliche Entwicklung, Regeneration und Zukunftsgestaltung vor. Die Befürworter dieser »Hilfe Europas für Entwicklung,

Regeneration und Zukunftsgestaltung (HERZ)« sollten im Hinblick auf das neue Jahrtausend Entwürfe und Experimente vorschlagen, aus denen eine neue Zivilisation ohne Profitwirtschaft, Ausbeutung und Rüstung entstehen könnte. Da ist größte Vielfalt anzustreben, weitgehendste Dezentralisierung, die höchstens über lockere Computernetze informatorisch zusammenarbeitet.
Diskutieren wir darüber. Besser noch: Fangen wir bald an!

Herzlichst Dein

Bob

Hans Modrow

Friedenssicherung heute

Zunächst möchte ich dem Beitrag von Hans-Eckehard Bahr, »Wenn ich an das bevorstehende Jahrzehnt denke«, meine Anerkennung zollen. Sein Grundanliegen, die darin enthaltenen Wertungen und Auffassungen, denen ich bis auf bestimmte Punkte zustimmen kann, sind von höchster Aktualität und durchdrungen von tiefer Friedens- und Menschheitsliebe. Als ich das Material las, wurde ich an die Worte des Wittenberger Pfarrers Friedrich Schorlemmer erinnert: Es bedarf nicht nur technischer, sondern auch menschlicher Konversion – unserer Wandlung in Menschen des Friedens.

Dieser richtige Gedanke liegt meines Erachtens auch den Überlegungen von Hans-Eckehard Bahr zugrunde, dessen Positionen ich aus folgenden Erwägungen heraus grundsätzlich unterstütze:

1. Kriege zwischen Industriestaaten und den Militärblökken sind, ob nukleare oder nur konventionelle Waffen eingesetzt werden, heute nicht mehr führ- und gewinnbar. Hinsichtlich der menschheitsgefährdenden Konsequenzen eines Kernwaffenkrieges gibt es angesichts der furchtbaren Folgen der amerikanischen Atombomben-

abwürfe auf die japanischen Städte Hiroshima und Nagasaki im Jahre 1945 und angesichts der verheerenden Auswirkungen der Kernkraftwerkskatastrophe von Tschernobyl keinerlei Zweifel. Mir scheint jedoch, daß immer wieder mit aller Deutlichkeit auf die ebenso großen Gefahren hingewiesen werden muß, die durch einen »nur« mit modernen konventionellen Waffen geführten Krieg heraufbeschworen würden: Nicht nur, daß diese Waffen allein in ihrem Zerstörungsgrad den nuklearen kaum nachstehen würden. Auch die Vernichtung der besonders in Europa, aber auch auf dem amerikanischen Kontinent und anderswo existierenden Kernkraftanlagen und chemischen Werke würde zur Folge haben, daß das Fortbestehen der Menschheit auf unserem Erdball auf das äußerste gefährdet wäre.

2. Bemüht sich der Osten schon seit Jahren um eine ehrliche, aufrichtige Abrüstungspolitik, so haben die grundsätzlichen politischen Veränderungen in den osteuropäischen Staaten, die demokratischen Umwälzungen in diesen Ländern, den Weg zu einem Europa des Friedens, der Zusammenarbeit und der Menschenrechte geebnet und alle wesentlichen Faktoren einer möglichen Konfrontation auf östlicher Seite beseitigt. Hinzu kommt, daß das System der Militärblöcke in Europa eben auf Grund dieser Veränderungen im Osten völlig in Frage gestellt ist. Der Warschauer Vertrag befindet sich nach den Erklärungen seiner Mitgliedstaaten im Prozeß der Umwandlung von einem Militär- in ein politisches Bündnis. Ob es bei den sichtbar werdenden Auflösungserscheinungen überhaupt noch dazu kommt, wird die

nicht ferne Zukunft zeigen. Auf jeden Fall ist das starre Blockdenken schon heute ein Anachronismus. Intensives Nachdenken und Handeln zur Schaffung gesamteuropäischer Sicherheitsstrukturen sind jetzt vonnöten. Und Hans-Eckehard Bahr hat recht, wenn er in seinem Beitrag schreibt: »Eine glückliche Beschäftigungslosigkeit droht der NATO, wenn der Osten weiter seine Pflicht versäumt, Feindbild und Bedrohungsfiktionen zu stellen. Das Schlimmste: Den neuen Rüstungsvorhaben der Bush-Administration wird nun der Anschein des moralisch Legitimen und des strategisch Gebotenen genommen. Die alte, bewährte Selbstrechtfertigung, die weitergehende Rüstung sei eben nur die überlebensnotwendige Vorbereitung der Vermeidung der Katastrophe, diese Legitimierung fliegt nun endgültig auf.«

3. In diesem Zusammenhang sollte auch darauf verwiesen werden, daß mit der eingeleiteten Vereinigung zwischen der BRD und der DDR, korrekter gesagt, mit dem Anschluß der DDR an die BRD, ihrer Einverleibung durch die Bundesrepublik, der »Jahrhundertkonflikt« zwischen Ost und West in Europa aus der Welt geschafft wird. Das ist weder durch militärische Mittel herbeigeführt worden, noch kann es durch militärische Mittel verhindert werden. Auch das beweist: Krieg ist in Europa nicht mehr anwendbar. Das Festhalten an hochgerüsteten Armeen, an Armeen überhaupt, wird ad absurdum geführt.

4. Schließlich gibt es aus meiner Sicht noch einen weiteren wichtigen Grund: Die Unsinnigkeit, ja der Wahnsinn

des Hochrüstens wird heute noch dadurch potenziert, daß es gewaltige Ressourcen verschlingt, daß es die Umwelt belastet, daß es die Psyche der Menschen deformiert. Ich denke da nur an die Manöver, die Natur zerstören, an die Tiefflüge, die Menschen terrorisieren, an die Unglücksfälle mit Raketentransportern und Giftstoffen. Ja, mag das jetzt auch bagatellisierend klingen, ich denke auch an das Kriegsspielzeug für Kinder. Allein das bloße Vorhandensein von Militär in Friedenszeiten ist – so muß man resümierend feststellen – bedrohlich, ist eine vielfältige Gefahr für die menschliche Zivilisation.

Die Frage, die sich natürlich stellt, ist: Kann mit dem Projekt eines ökologischen Friedensdienstes das Übel wirklich bei der Wurzel gepackt werden? Gelangen wir auf diesem Weg zu der dringend erforderlichen Abrüstung und Entmilitarisierung? In der DDR haben wir im Verlauf des zurückliegenden Jahreszeitraumes, insbesondere auch während der Amtsperiode der von mir geleiteten Regierung, einige spezifische Erfahrungen im Zusammenhang mit dem zivilen Einsatz der Armee gemacht. Objektiv hat sich dieser Weg als die sicherste, schnellste Möglichkeit erwiesen, Militär in seiner eigentlichen Zweckbestimmung unbrauchbar zu machen. Aber was hat sich dabei gleichzeitig gezeigt? Wir stellten fest, daß es mit den in der Volkswirtschaft eingesetzten Armeeangehörigen Probleme gab. Sie warfen berechtigte Fragen auf: Warum werden sie z. B. als Facharbeiter durch den Armeedienst erst aus ihrer beruflichen Tätigkeit herausgerissen, um dann anderswo auf wirtschaftlichem Gebiet – oft auch nicht entsprechend ihrer Qualifikation – eingesetzt zu werden? Warum bekommen sie als Soldaten für ihre Arbeit in der Volkswirtschaft in Form ihres Solds, vielleicht etwas erhöht durch einen betrieblichen Zuschlag, nur ein geringes Entgelt, während sie auf ihrer Arbeitsstelle entsprechend ihrer Ausbildung und ihren Leistungen guten Lohn erhalten könnten? Warum werden sie als Soldaten in der Volkswirtschaft eingesetzt, während Arbeitslosigkeit um sich greift und viele Menschen einen Job suchen?

Die Schlußfolgerung, die sich daraus ergibt, ist eigentlich, daß ein ziviler Einsatz der Armee ökonomisch uneffektiv ist, sozial unverträglich und moralisch fragwürdig. Praktisch ist es eine vorübergehende, vielleicht auch eine Notlösung, auf jeden Fall, ehrlich gesagt, eine Scheinlösung.

Ich sehe ein weiteres Problem, das sich bei der Realisierung des vorgeschlagenen Friedensdienstes der Armee ergäbe: Zweifellos ist die Idee, bestehendes Militär in sein Gegenteil zu transformieren, Soldaten in ihrer Motivation umzuorientieren, einerseits sehr real. Denn der Demoralisierungseffekt auf die Armee ist total, wenn sie nichtmilitärisch verwendet wird. Das besagen auch unsere Erfahrungen in der DDR. Die Motivationskrise unseres Militärs setzte ein, als man sich bei uns zu einem recht frühen Zeitpunkt von dem Gedanken an Krieg und Gewinnbarkeit eines Krieges verabschiedete, als man begann, Feindbilder abzubauen. Sie erlebte einen Höhepunkt, als Einschränkungen in der Ausbildung, insbesondere der Einsatz von einem Viertel des Personalbestandes in der Volkswirtschaft, erfolgten.

Wenn wir jedoch andererseits die Wirklichkeit nehmen, wie sie ist, stellt sich die Idee von einer ökologischen

deutschen Friedensarmee als wenig realistisch dar. Denn zunächst, grundsätzlich betrachtet, entsprechen Existenz und Einsatz des Militärs politischem und letztlich ökonomischem Interesse. Die politische Motivation des Militärs umorientieren zu wollen, hieße, ihm seinen Charakter als Militär zu nehmen, hieße, auf Militär als politischen Machtfaktor zu verzichten. Ich meine, daß es zu einem solchen Verzicht im Westen und vielleicht bis zu einem gewissen Grade auch im Osten noch keine Bereitschaft gibt. Der Beweise dafür bedarf es wohl kaum. Ich denke da nur an die Tatsache, daß die BRD-Regierung in einer Zeit, da niemand mehr von einer Bedrohung der Bundesrepublik zu sprechen wagt, weil dies allen Realitäten widerspräche, mit 52 Milliarden DM ihren höchsten Rüstungsetat aller Zeiten beschlossen hat. Dazu kommen noch andere Widerstandsfaktoren, die zweifellos ernst zu nehmen sind: die Rüstungsindustrie, die auf die Produktion von Waffen und anderem Kriegsgerät und damit auf ihre Profite nicht verzichten will, Politiker, die von der Politik der militärischen Stärke noch immer nicht ablassen wollen, und Militärs, die sich in ihrer Existenz bedroht fühlen.
Was wir erreichen müssen, gemeinsam und sicher nicht ohne Kampf, nicht ohne gehörigen Druck auf die maßgeblichen Politiker, sind klare politische Entscheidungen, die von folgendem ausgehen: Krieg ist nicht mehr möglich, also bedarf es auch keiner Armeen, keiner Rüstung mehr. Friedenssicherung durch Abschreckung, auf welchem Niveau und mit welchen Mitteln auch immer, ist gefährlich, deshalb sollte die Abschaffung der Armeen, die Abschaffung von Wehrdiensten und Dienstverpflichtungen ein erstrebenswertes, verhältnismäßig schnell erreichbares

Ziel sein. Daß die Forderung nach Umwandlung der Armee in einen ökologischen Friedensdienst uns eventuell auf diesem Wege voranbringen könnte, will ich nicht bestreiten, ich würde es begrüßen. Auf jeden Fall macht sie mit Nachdruck und in aller Deutlichkeit auf die dringende Notwendigkeit aufmerksam. Aber was erforderlich ist, sind aufrichtige Abrüstungsbereitschaft und klare Konzeptionen für Konversion, für Entmilitarisierung. Für notwendige zivile Leistungen bedarf es keiner Armee. Wir müssen die Armeen abschaffen, um gewaltige finanzielle Mittel mit dem Ziel freizubekommen, bessere, umfassendere zivile Leistungen zu ermöglichen, zur Lösung sozialer Probleme im eigenen Land und in der Dritten Welt, für eine gute Umwelt- und Kulturpolitik.

Gewiß, Konversion, Vernichtung oder Umbau von Waffen und Rüstungen kostet zunächst auch Geld, sogar viel Geld, wenn ich allein an das im vergangenen Jahr begonnene Zerlegen unserer Panzer denke. Übrigens wäre hier eine Internationalisierung der Konversion im Sinne der Arbeitsteilung, Spezialisierung wünschenswert, um Abrüstung für alle kostensparender zu machen. Natürlich darf man dabei nicht nur die Technik sehen. Es geht vor allem auch um die Menschen, die Berufsoffiziere und -soldaten, für deren Einstieg ins zivile Leben gemeinsam mit ihren Familien soziale Auffangnetze unerläßlich sind.

Das alles bedarf zunächst großer Anstrengungen eines jeden Landes, doch der Gewinn für alle, für die ganze Menschheit, für den Frieden auf unserem Planeten wäre riesengroß. Jene gewaltigen Mittel, die schließlich nicht mehr für weitere Rüstungen ausgegeben, die echt gespart würden, könnten für den sozialen Fortschritt, zur Beseitigung von Massenarbeitlosigkeit und von Unterentwicklung sowie für die globale Lösung der ökonomischen Probleme eingesetzt werden.

Was die DDR anbelangt, so sind seit 1989 einige bedeutende Schritte unternommen worden, um unser Militär kriegsverwendungsunfähig zu machen. Analog zu anderen Staaten des Warschauer Vertrages wurde neben einer Kürzung des Verteidigungshaushaltes um zehn Prozent eine einseitige Abrüstung durch Verminderung der Armee um 10000 Mann beschlossen, ebenso die Auflösung von sechs Panzerregimentern und einem Fliegergeschwader. 600 Kampfpanzer und 50 Kampfflugzeuge wurden aus dem Bestand der Nationalen Volksarmee herausgenommen und wurden bzw. werden verschrottet oder der Volkswirtschaft zur Nutzung übergeben.

Anfang dieses Jahres wurde eine umfassende Militärreform beschlossen und verwirklicht. Sie ist Bestandteil des demokratischen Umgestaltungsprozesses in der DDR und gleichzeitig eine Reaktion auf die positiven internationalen Wandlungen in den Ost-West-Beziehungen. Wichtige Elemente dieser Militärreform sind die Verkürzung der Wehrdienstzeit von achtzehn auf zwölf Monate sowie die Einführung des Zivildienstes.

Die entsprechende Regelung über den Zivildienst, die meine Regierung verabschiedete, war in breitester demokratischer Aussprache entstanden, unter aktiver Mitwirkung besonders auch kirchlicher Kreise. Andere bescheinigten uns, daß sich international eine so weitgehende Regelung wie diese nicht finden ließe. Entsprechend unseren Bestimmungen ist der Zivildienst kein wie auch immer gearteter Wehrersatzdienst, sondern die gleichwertige Alternative zum Wehrdienst, ihm vollständig gleichgestellt, moralisch-ethisch, organisatorisch und in bezug auf sozial-materielle Versorgung. International ist in der Regel für den Zivildienst im Vergleich zum Wehrdienst eine längere Dauer üblich, in der BRD ist er bekanntlich um ein Drittel länger. Daß die DDR heute einen Minister für Abrüstung und Verteidigung hat, beweist schließlich ebenfalls das ehrliche Bemühen um ein Vorankommen auf dem Wege der Truppen- und Rüstungsreduzierung und der Entmilitarisierung.

Ich meine, die Regierung der BRD sollte diesen Beispielen so schnell wie möglich folgen und die Regierung der DDR sollte im Rahmen des Vereinigungsprozesses auch mit allem Nachdruck darauf drängen. Beide deutsche Regierungen könnten und müßten in Europa eine Vorreiterrolle auf dem Abrüstungsgebiet spielen. Wenn nicht nur die Nationale Volksarmee, sondern auch die Bundeswehr bis zur Angriffsunfähigkeit heruntergerüstet wird, würden damit Bedrohungsängste bei den Völkern Europas beseitigt und Vertrauen geschaffen, würde der Weg zur weiteren effektiven und vor allem zügigen Abrüstung erleichtert. Höchste Rüstungsetats jedoch – wie von der BRD-Regierung beschlossen – stehen dieser Notwendigkeit diametral entgegen, zumal mit dem Beitritt der DDR der Wirkungsbereich der NATO bis zur Oder-Neiße-Grenze ausgedehnt wird, Bundeswehrtruppen auf DDR-Territorium stationiert werden, die Nationale Volksarmee aufgelöst wird usw. Heute sind konkrete Abrüstungssignale dringend erforderlich, sollen die anderen Länder Europas und insbesondere die Sowjetunion und die Nachbarstaaten den Versicherungen deutscher Politiker Glauben schenken, daß der deutsche Einigungsprozeß tatsächlich zu Frieden und Stabilität in Europa und in der Welt beitragen würde. Nur so können meiner Auffassung nach auch nur die Zwei-plus-vier-Verhandlungen über die äußeren Aspekte der deutschen Einheit einschließlich der Frage der Sicherheit der Nachbarstaaten gefördert werden. Die Fraktion meiner Partei, der Partei des Demokratischen Sozialismus, hat übrigens im Juli im DDR-Parlament dazu weitere Vorschläge unterbreitet. Sie forderte die DDR-Regierung auf, mit ihren Möglichkeiten darauf hinzuwirken, daß sich die NATO-Staaten bereitfinden, in eine Phase der Überwindung der Blöcke durch schrittweise Übertragung deren sicherheitspolitischer Aufgaben an KSZE-Organe einzutreten. Durch die aktive Beförderung der laufenden Abrüstungsverhandlungen sowie die Schaffung wirksamer Kontroll- und Verifikationsinstitutionen im Rahmen der KSZE soll nicht nur Deutschland, sondern ganz Europa von jeglichen Massenvernichtungswaffen befreit werden. Hier tun sich meines Erachtens für beide deutsche Regierungen große Wirkungsmöglichkeiten auf. Das wäre der Weg, scheint mir, um – die Forderung von Hans-Eckehard Bahr aufgreifend und sie unterstützend – fünfzig Jahre nach Hitlers Kriegseröffnung den positiven, den zivilen Friedensstreit zwischen Rhein und Wolga in Szene zu setzen.

DIETER SENGHAAS

Was friedenspolitisch jetzt zu tun wäre

Vorbemerkung

Seit Mitte der achtziger Jahre wird von den Erfordernissen eines »neuen Denkens« gesprochen. Aber erst der revolutionäre Umbruch in Osteuropa läßt dieses Denken zu einer Notwendigkeit werden, denn die politischen Rahmenbedingungen der Nachkriegszeit sind inzwischen zusammengebrochen, und damit ist auch dem in sie eingebundenen Denken der Boden entzogen worden. Eine solche Beobachtung gilt allemal für die Sicherheitspolitik. Vorstellbar wird ein Europa, in dem kriegerische Auseinandersetzungen ganz unwahrscheinlich werden. Man muß allerdings etwas dafür tun: Frieden will gestiftet sein; er ist nicht das selbstverständliche Ergebnis günstiger Umstände, obgleich diese ihn eigentlich erst ermöglichen. Aber was muß getan werden?

Hans-Eckehard Bahr hat einen konkreten Vorschlag gemacht. Seine konstruktive Einmischung in die jetzige Friedensdiskussion hat eine klare Zielsetzung: sinnvolle Aufgaben für einen neu zu definierenden Friedensdienst inner- und außerhalb des Militärs. Ich teile im wesentlichen dieses Ziel, möchte aber im Folgenden die politischen Rahmenbedingungen ausleuchten, die in Europa erforderlich wären, um das Bahrsche Ziel wirklich zu erreichen. Will man Frieden konkret denken, muß man viele Ebenen und ihre Wechselwirkungen im Auge haben. Das Bahrsche Plädoyer richtet sich an die *Innenpolitik* unserer Gesellschaft; die nachfolgende Argumentation hat die *Außenpolitik* und die auf eine europäische Friedensordnung gerichtete Politik zum Gegenstand. Eine europäische Friedensordnung muß sich herausbilden, sich stabilisieren, ja zu einer Selbstverständlichkeit werden, damit Friedensdienste anders definiert werden können.

Ist eine solche Friedensordnung erreichbar? An anderer Stelle habe ich ihre Umrisse skizziert* und argumentiert, daß bei entsprechendem politischen Willen im Laufe der neunziger Jahre die entsprechende politisch-architektonische Aufgabe gemeistert werden kann, so daß am Ende des Jahrzehnts berechtigterweise von einer *Struktur dauerhaften Friedens in Europa* gesprochen werden könnte. Was wäre jetzt, also noch im Jahre 1990, im Hinblick auf ein solches Ziel friedenspolitisch zu tun? Die nachfolgenden Überlegungen versuchen, auf diese Frage eine pragmatische Antwort zu geben. Sie sind konkret, damit Kritik bzw. Ergänzungen und Variationen zu gleicher Konkretion gezwungen sein werden.

* Dieter Senghaas: Europa 2000. Ein Friedensplan. Suhrkamp Verlag, Frankfurt 1990.

Ausgangslage

Zäsur

Der revolutionäre Umbruch in Osteuropa 1989/90 hat zu einer tiefen weltpolitischen Zäsur geführt: zum Ende des Ost-West-Konfliktes. Der Kern dieses Konfliktes – die ideologische und ordnungspolitische Systemkonkurrenz – hat sich aufgelöst. Andere Dimensionen des Konfliktes haben sich abgeschwächt, so der weltpolitische Antagonismus der beiden Weltmächte und in Anfängen auch die Rüstungskonkurrenz. Die alten Feindbilder haben sich aufgelöst. Nunmehr gilt es, die Altlasten dieser vergehenden Konfliktstruktur abzutragen: die Überbleibsel der Blockkonfrontation, ein der alten Struktur verhaftetes Denken und insbesondere die unsäglichen Ausmaße der Rüstung. Vor allem aber gilt es, neue Perspektiven für eine *Struktur dauerhaften Friedens* in Europa zu entwerfen. Das Jahr 1990 wird als eine Zeit grundlegender Weichenstellungen in die Geschichte Europas eingehen.

Perspektive

Schon heute ist sichtbar, daß das neue Europa weithin akzeptierten gemeinsamen ordnungspolitischen Vorstellungen folgen wird: zum einen dem Prinzip der Rechtsstaatlichkeit, dem Schutz der Menschenrechte und Grundfreiheiten sowie den Instrumentarien parlamentarischer Demokratie, zum anderen dem Modell einer sozial und ökologisch verträglichen Marktwirtschaft. So besteht in Europa die Chance der Herausbildung eines *einheitlichen Rechtsraumes* und *gemeinsamer demokratischer Ordnungen*. Es gehört zu den vordringlichen Aufgaben europäischer Politik, die Entfaltung und die Existenz demokratischer Prinzipien in der östlichen Hälfte Europas zu fördern und zu sichern.

Aktualität

Wider Erwarten ist der Vereinigungprozeß der beiden Deutschlands zum Nukleus europäischer Politik geworden. Die Regelung der deutschen Frage hat erhebliche Implikationen für die entstehende europäische Ordnung. Doch anders als noch vor kurzem befürchtet, inspiriert die Vereinigung Deutschlands eher die konzeptuellen und praktischen Versuche, als daß sie für solche Bemühungen hinderlich wäre: Die *Vereinigung Deutschlands* und die *Neugestaltung Europas* sind unlösbar miteinander verschlungen. Da breite politische Kräfte den Vereinigungsprozeß beschleunigen, ist eine Neuordnung Europas schneller herbeizuführen, als noch zur Jahreswende 1989/90 unterstellt werden konnte.

Konsens

Es zeichnet sich in Europa ein breiter Konsens ab, demzufolge alte Institutionen und Prozesse mit neuen Aufgaben ausgefüllt werden müssen. So muß der KSZE-Prozeß nach dem Ende des Ost-West-Konfliktes auf ein ganz neues Ziel – die verläßliche Institutionalisierung von Kooperation auf gesamteuropäischer Ebene – ausgerichtet werden; der Europarat muß sich durch Aufnahme der sich demokratisierenden Staaten erweitern und damit »europäisieren«; dasselbe gilt im Laufe der Zeit für die Europäische Gemeinschaft. Und insbesondere müssen sich die NATO und ein wie immer gearteter Restbestand des Warschauer Vertrags

»politisieren«; das heißt, diese Organisationen müssen in erster Linie zu politischen Konsultationsorganen werden und ihre alte Rolle als konfrontative Militärbündnisse (»Abschreckung«) beenden.
Aber es wird auch erkannt, daß neue Institutionen, die der politischen Lage nach dem Ende des Ost-West-Konfliktes angemessen sind, in Europa erforderlich werden, insbesondere im Hinblick auf die Institutionalisierung und den Ausbau der KSZE.

Zielsetzung

Aus den derzeitigen politischen Anstrengungen müssen erste Schritte in Richtung auf eine Friedensstruktur in Europa erwachsen. Das setzt ein klares Verständnis der übergeordneten Zielsetzung – Aufbau einer komplexen Struktur vielfältiger Zusammenarbeit bei erschütterungsfester Sicherheit – voraus. Architektonisch ist diese Struktur durch folgende Bauelemente gekennzeichnet:

– institutionelle Netze der Kooperation auf Regierungs- und Nichtregierungsebene
– Maßnahmen zur Sicherung des im Entstehen begriffenen einheitlichen demokratischen Rechtsraumes
– eine gesamteuropäische Sicherheitsstruktur (Sicherheitsunion)
– die Schaffung eines durch Ausgleich gekennzeichneten Wirtschafts- und Sozialraumes
– kulturelle Vernetzung (Kulturraum)
– »demokratische Integration« (Bürgerversammlungen)

Nur wenn die übergeordnete Zielsetzung und die genannten Bauelemente im Blick bleiben, sind darauf ausgerichtete erste innovative Schritte erwartbar.

Leitperspektiven für eine künftige europäische Sicherheitsstruktur

Die Ebene der KSZE

Die wichtigste Ebene einer künftigen europäischen Sicherheitsstruktur wird die *institutionalisierte KSZE* sein. Dabei geht es um regelmäßige Treffen auf hoher politischer Ebene (Gipfeltreffen, fachministerielle Treffen, Fachausschüsse usw.) sowie um die Einrichtung gesamteuropäischer Gremien (Rat für Sicherheit und Zusammenarbeit; Ständiges Sekretariat; Zentrum für Vertrauensbildung, Rüstungskontrolle und Verifikation; Zentrum zur Verhütung und Beilegung von Konflikten; Räte zur Koordinierung der wirtschaftlichen, wissenschaftlich-technischen, humanitären, rechtlichen und kulturellen Zusammenarbeit sowie des Umweltschutzes).

Die wichtigste Aufgabe der *Gipfeltreffen* und insbesondere des *Rates für Sicherheit und Zusammenarbeit in Europa*, der auf der Ebene der Außenminister tagen würde, wäre, aktuelle Probleme der europäischen Sicherheit und Zusammenarbeit sowie insbesondere der Menschenrechte zu behandeln sowie neue Vorschläge in diesen Bereichen zu erarbeiten. Auch müßten die Richtlinien für die im Rahmen der KSZE neu zu schaffenden Gremien und Zentren festgelegt und überprüft werden.

Das *Zentrum für Vertrauensbildung, Rüstungskontrolle und Verifikation* (Verifikationszentrum) wird sicherheits- und militärpolitisch relevante Informationen sammeln und auswerten, insbesondere Bewegungen militärischer Einheiten; es wird alle Beteiligten von militärischen Übungen in Kenntnis setzen sowie Inspektionen und andere Kontrollaktivitäten registrieren und koordinieren. Weiterhin werden alle Informationen, die sich aus der Durchführung vertrauensbildender Maßnahmen und Verifikationsverfahren ergeben, erfaßt und allen KSZE-Teilnehmern zugänglich gemacht werden.

Das *Zentrum zur Verhütung und Beilegung von Konflikten* (Konfliktzentrum) wird Informationen zu potentiellen Konfliktursachen, zu Streitigkeiten und zu militärisch gewaltträchtigen Vorfällen erfassen und gegen deren Entstehung vorbeugend wirken. Die Arbeit des Zentrums ist auf Konfliktregelung und auf die Erarbeitung von Lösungsmöglichkeiten ausgerichtet. Im Rahmen des Zentrums sollte ein unabhängig arbeitendes wissenschaftliches *Institut für Konfliktforschung* errichtet werden. Von vornherein sollte ein Konsens angestrebt werden, daß die Arbeit des Zentrums und des Instituts nicht nur auf zwischenstaatliche Konflikte, sondern auch auf innerstaatliche Konflikte mit potentiell friedensgefährdenden Folgewirkungen (ethno-nationalistische und Minderheitenkonflikte usw.) ausgerichtet wird. Es wird eine wichtige Aufgabe des Zentrums sein, eine von potentiellen Konfliktparteien akzeptierte institutionelle Plattform für friedliche Streitbeilegung zu schaffen. Dabei sollte auf bekannte Verfahren (Konsultation, Schlichtung, Vermittlung usw.) zurückgegriffen werden, aber es sollten auch neue, in der wissenschaftlichen Literatur diskutierte Möglichkeiten der Konfliktlösung (zum Beispiel therapeutische Konfliktintervention) erprobt werden.

Die Institutionalisierung der KSZE in den dargelegten Dimensionen hat zum Ziel, politisches Verhalten in Europa zu *koordinieren* und zu *konzertieren*, so daß Rückfalle in nationalistische Alleingänge institutionell erschwert, wenn nicht gar unmöglich werden. In die europäische Politik käme damit ein hohes Maß an *Durchsichtigkeit und Berechenbarkeit:* Es würde eine wechselseitige Verläßlichkeit entstehen, durch die heute schon Politik im westeuropäischen Raum weitgehend gekennzeichnet ist. Auf diesem Weg wird der politische Aspekt von Friedensgestaltung in das Zentrum der Aufmerksamkeit gerückt, während die militärische Dimension ihre bisher hervorgehobene Bedeutung verliert.

Erweiterung des Europarates

Die sich demokratisierenden Staaten Osteuropas sollten möglichst schnell *Vollmitglieder des Europarates* werden. Wichtige Konventionen dieser Institution sollten übernommen und ratifiziert werden. Auf diesem Wege könnte eine schon bestehende europäische Institution schnell eine wirklich gesamteuropäische Bedeutung erlangen. Dabei sollten die Sicherung der Menschenrechte und der Schutz der Grundfreiheiten weiterhin das Hauptaugenmerk des Europarates sein. Was auf KSZE-Ebene hinsichtlich der Menschenrechtsproblematik allgemein zu erörtern wäre, fände im Europarat eine operative Durchführung. Zwischen dem KSZE-Rat für Sicherheit und Zusammenarbeit und dem Europarat wären entsprechende Vereinbarungen zu treffen.

Veränderung der Militärbündnisse und institutionalisierte Konsultation

Mit dem Ende der Systemkonkurrenz und Blockkonfrontation werden sich auch die alten Militärbündnisse ändern müssen. Unverkennbar zerfällt der Warschauer Pakt als militärische Organisation. Möglicherweise bildet sich in der östlichen Hälfte Europas an der Stelle des alten Bündnisses ein Politisches Konsultativorgan (PKO), das in einer Übergangszeit des Abzugs sowjetischer Stationierungstruppen aus Osteuropa und der DDR und insbesondere während der Abrüstung nationaler Militärkontingente noch gewisse koordinierende Funktionen haben könnte. Unverkennbar ist auch der Bedarf an *sicherheitspolitischer Neuausrichtung* der NATO. Auch der Sicherheitsphilosophie der NATO wurde durch die Veränderung in Europa der Boden entzogen, so insbesondere der Doktrin flexibler Antwort, der Vorneverteidigung und der Androhung des Ersteinsatzes von Nuklearwaffen für den Fall massiver konventioneller Aggression.

Um der neuen Lage gerecht zu werden, geht es auf beiden Seiten um eine auf verstärkte politische Konsultation ausgerichtete Neudefinition der bisherigen Vertragsgemeinschaften. Darüber hinaus geht es gerade auch im NATO-Kontext darum, den militärischen Bedarf im Hinblick auf ein sich abrüstendes Europa zu bestimmen; sich nur am derzeitigen Status quo auszurichten, wird den Erfordernissen der Zeit nicht gerecht.

Um dem sowjetischen Sicherheitsinteresse und dem westlichen Bedürfnis nach Berechenbarkeit der sowjetischen Außen- und Sicherheitspolitik entgegenzukommen, sollte es zu einer *institutionalisierten Konsultation* zwischen der sich reformierenden NATO und dem neuen Politischen Konsultativorgan des in Auflösung befindlichen Warschauer Paktes kommen. Hier kämen regelmäßige Treffen auf der Ebene der Außenminister bzw. ihrer Stellvertreter oder höherer Beamter in Frage. Sinnvoll wäre die Einrichtung eines kleinen gemeinsamen Konsultativorgans, das für eine Konzertierung der Außen- und Sicherheitspolitik der beiden Vertragsgemeinschaften, insbesondere in der jetzt anstehenden Übergangszeit, zu sorgen hätte. Auf diesem Wege könnte die Sowjetunion in einer derzeit für sie besonders delikaten politischen Lage in die sicherheitspolitischen Vorgänge im übrigen Europa fair eingebunden werden. Dadurch könnte verhindert werden, daß sie auf einsamem Posten gegenüber allen übrigen vierunddreißig KSZE-Staaten steht. Eine solche Einbindung ist insbesondere wichtig hinsichtlich der Regelung des sicherheitspolitischen Status Deutschlands, der Absprachen über weitere konventionelle und nukleare Abrüstung und des Aufbaus einer gesamteuropäischen Sicherheitsstruktur. Die Konsultation zwischen NATO und Sowjetunion kann also in den kommenden Monaten nicht dicht genug sein. Würde sie in den kommenden Wochen durch entsprechende Absprachen formalisiert, könnte das zur Flexibilisierung der sowjetischen Position in strittigen Sachfragen beitragen.

Das Mandat der Wien-II-Abrüstungsgespräche jetzt thematisieren

Um die Diskussion über die künftige Sicherheitsstruktur in Europa inhaltlich voranzubringen, ist eine jetzt zu definierende Leitperspektive für die voraussichtlich 1991 beginnenden Wien-II-Abrüstungsgespräche erforderlich. Dabei geht es sowohl um die Bestimmung des Ausmaßes von Abrüstung als auch um die Kernelemente der neuen Sicherheitsstruktur.

Was die Abrüstung angeht, so sollte von drastischen Maßnahmen ausgegangen werden, beispielsweise von einer Abrüstung auf ein Drittel bis ein Fünftel des jetzigen Bestandes an Militärpersonal. Da voraussichtlich durch das Ergebnis von Wien I in etwa militärische Parität zwischen den bisherigen Bündnissen erreicht wird, werden im weiteren Verlauf lineare Kürzungen vorstellbar, ganz anders als in der Vergangenheit, als die NATO angesichts bestehender Asymmetrien solche linearen Kürzungen für nicht akzeptabel hielt.

Von deutscher Seite (das heißt derzeit durch Absprache zwischen BRD und DDR) sollte in Bälde eine Absichtserklärung erfolgen, derzufolge das künftige deutsche Militärpotential eine Größenordnung von 100000 Soldaten nicht überschreiten wird. Bei einem derzeitigen Stand der Nationalen Volksarmee von ca. 100000 Mann und der jüngsten Planungsvorgabe für die Bundeswehr von ca. 400000 Mann würde das eine Verringerung um 80 Prozent beinhalten.

Durch eine Abrüstung des deutschen Militärpotentials in dieser Größenordnung würde auf politischer, psychologischer und militärischer Ebene den Sicherheitsinteressen der Nachbarstaaten Deutschlands voll Genüge getan. Mit einer solchen Maßnahme würde sich, allein schon aus militärischen Gesichtspunkten, die Sicherheitsfrage im Zentrum Europas im wesentlichen lösen lassen. Denn wäre das künftige Militärpotential Deutschlands größer, würden viele komplizierte Sonderregelungen erforderlich. Mit der genannten deutschen Vorgabe würden sie schlichtweg überflüssig.

Der bezeichnete geringe Umfang des deutschen Militärpotentials hätte im übrigen eine erhebliche Signalwirkung für das übrige Europa: Andere Staaten könnten nicht umhin, sich auf entsprechend niedrige Größenordnungen auszurichten. Heutige Bestände vorausgesetzt, würde eine vergleichbare Abrüstung auf ein Fünftel der jetzigen Mannschaftsstärken im Umfeld Deutschlands (Dänemark, Niederlande, Belgien, Polen, ČSFR, Ungarn; ausgenommen Frankreich) zu einem militärischen Umfeldpotential von ca. 175 000 Militärangehörigen führen (wobei Polen mit einer Truppenstärke von 70 000 über das stärkste Potential verfügen würde). Stellt man in Rechnung, daß die Stationierungsstreitkräfte in der heutigen BRD ebenfalls auf ein Fünftel reduziert würden (wobei für die USA die Vereinbarung von Wien I mit 195 000 zugrunde zu legen ist), so beliefen sich die verbleibenden Stationierungstruppen auf ca. 65 000 Mann (davon in etwa 40 000 US-Soldaten). Im Westbereich Deutschlands, also der heutigen BRD, dürfen demzufolge 165 000 Soldaten stationiert sein, ein mit dem Umfeld Deutschlands vergleichbares Potential (abzüglich des französischen und desjenigen der beiden neutralen Staaten Schweiz und Österreich). Das würde bedeuten, daß das eigene deutsche Potential im Zentrum Europas immer noch numerisch das größte (100 000) wäre, aber ganz sicher zu raumgreifenden Offensiven unfähig und überdies durch das Umfeld (175 000) und die Stationierungstruppen im eigenen Bereich (65 000) ausreichend eingehegt wäre, falls eine solche Einhegung überhaupt für erforderlich gehalten werden sollte.

Allein schon vom militärischen Gesichtspunkt her gesehen müßte diese militärische Lage allseits Sicherheit garantieren. Deshalb sollte eine solche Größenordnung in etwa zum Ausgangspunkt für eine Wien-II-Perspektive genommen werden und jetzt zur Grundlage einer politischen Willenserklärung gemacht werden.

Schaffung einer Sicherheitskernzone im Zentrum Europas

Im Hinblick auf die Durchführung des Wien-II-Abrüstungsprozesses in Europa und der Institutionalisierung der KSZE sollte heute schon eine Vorgehensweise mit *verschiedenen Geschwindigkeiten* in den verschiedenen geographischen Räumen Europas vorgesehen werden: Deutschland, Polen und die ČSFR sollten eine *Sicherheitskernzone* bilden, in der auch die Instrumentarien der sich institutionalisierenden KSZE eingerichtet würden. Dabei geht es *nicht* um Sonderregelungen (Singularisierung), sondern um die beschleunigte Realisierung von Kernelementen der künftigen gesamteuropäischen Friedens- und Sicherheitsstruktur: So sollte der Abrüstungsprozeß, wie oben beschrieben, in dieser Zone rasch, beispielsweise innerhalb von drei Jahren, durchgeführt werden. Und diese Zone wäre insofern zu »privilegieren«, als in ihr die neuen *Kerninstitutionen der KSZE* eingerichtet würden: Das KSZE-Sekretariat und nachgeordnete Behörden der verschiedenen Fachausschüsse in Prag, das Zentrum für Vertrauensbildung, Rüstungskontrolle und Verifikation in Berlin und das Zentrum zur Verhütung und Beilegung von Konflikten in Warschau.
Die beschleunigte Abrüstung in der Kernzone hätte beispielhaften *Pilotcharakter:* der Aufbau der KSZE-Institutionen wäre ein *organisatorischer Nukleus* für die sich entwickelnde übergeordnete Sicherheitsstruktur in Euro-

pa. In dieser Kernzone würde also vorweggenommen und institutionalisiert, was auf gesamteuropäischer Ebene nur langsamer, beispielsweise innerhalb von fünf bis acht Jahren, zu verwirklichen ist.

Europäische Friedenstruppe auf dem Gebiet der heutigen DDR (Ostteil Deutschlands)

Im künftigen Ostteil Deutschlands, dem heutigen Gebiet der DDR, sollte die Nationale Volksarmee bis auf einen Restbestand (weniger als ein Fünftel von heute) abgerüstet werden. Für den Abzug der sowjetischen Truppen sollte ein Terminplan (ca. drei bis fünf Jahre) festgelegt werden. Nach der Vereinigung der beiden Deutschlands sollte mit dem Aufbau einer multilateralen Friedenstruppe, die auf dem Gebiet der heutigen DDR stationiert wird, begonnen werden. Dabei ist an das verbleibende Kontingent der Nationalen Volksarmee und an eine Beteiligung der beiden anderen Staaten der Kernzone, ČSFR und Polen, zu denken, aber auch an andere Kontingente, beispielsweise aus Frankreich und Ungarn, möglicherweise sogar aus neutralen Staaten wie Finnland und Österreich. Auch ist zu bedenken, ob nicht ein kleines sowjetisches Kontingent der Friedenstruppe eingegliedert werden sollte. Die Größe der Truppe sollte 20000 Soldaten nicht überschreiten; das wären ca. zehn Prozent der Personalstärke der Staaten der Sicherheitskernzone (Deutschland, Polen und ČSFR). Mit dem Aufbau einer solchen multilateralen Friedenstruppe könnten mehrere Ziele gleichzeitig erreicht werden:

- der sicherheitspolitische Status des Ostteils Deutschlands wäre von vorneherein »europäisiert«
- ein Kernelement einer künftigen europäischen Sicher-

heitsstruktur, die Einrichtung einer europäischen *peace keeping force*, würde vorweggenommen

- die im Ostteil Deutschlands stationierte multilaterale Friedenstruppe wäre einem der KSZE zugeordneten Oberkommando unterstellt
- der in diesem Teil der Sicherheitskernzone eingerichteten Friedenstruppe könnte in der Folge schrittweiser Erweiterungen eine gesamteuropäische Rolle und Funktion zuwachsen.

Durchführung von Abrüstung im übrigen Europa

Während sich im Kontext der Vereinigung Deutschlands und der Lösung der damit zusammenhängenden Sicherheitsprobleme eine Konzentration des Abrüstungsprozesses und eine Institutionalisierung von Kerninstitutionen der KSZE in der genannten Sicherheitskernzone anbieten, sollten das Ausmaß von Abrüstung im übrigen Europa und ein Fahrplan für ihre Durchführung ebenfalls heute schon festgelegt werden: Aus den genannten Gründen wäre für das Umfeld Deutschlands und der Sicherheitskernzone ein Militärniveau auf der Höhe von ca. einem Fünftel, jedoch unter keinen Umständen von mehr als einem Drittel der derzeitigen Truppenstärken anzustreben. Die Abrüstung im übrigen Europa könnte stufenweise erfolgen, während parallel zu ihr die KSZE-Institutionen voll arbeitsfähig würden.

So könnte spätestens im Jahr 2000 das Ziel einer dauerhaften Friedens- und Sicherheitsstruktur erreicht sein. Welche institutionellen Gemeinsamkeiten sich dann zwischen KSZE, Europarat, Europäischer Gemeinschaft, NATO und politischem Konsultativorgan des ehemaligen Warschauer

Paktes bzw. der Sowjetunion allein ergeben würden, braucht derzeit noch nicht im Detail thematisiert zu werden. Man sollte sich hier auf einen Prozeß des *learning by doing* einstellen.

EIN REALISTISCHES ZIEL

Die aufgezeigte Leitperspektive verbindet ein Fernziel – eine neue Friedens- und Sicherheitsstruktur für das Europa der neunziger Jahre – mit heute erforderlichen ersten Schritten in Planung und politischem Handeln: Es geht dabei um den Ausbau der KSZE in den genannten Dimensionen, weiterhin um die Normalisierung der Beziehungen zwischen einer sich reformierenden NATO und einem sich in der östlichen Hälfte Europas herausbildenden Politischen Konsultativorgan, gegebenenfalls mit der Sowjetunion allein, falls die Staaten Osteuropas ein solches politisches Organ für nicht mehr opportun halten. Die Sicherheitsfrage des künftigen Europas und insbesondere Deutschlands in diesem Europa kann nur zufriedenstellend gelöst werden, wenn heute schon die Entwicklungsrichtung im Wien-II-Prozeß definiert wird. Dabei ist das Konzept einer drastischen Abrüstung von wesentlicher Bedeutung, weil nur unter solchen Bedingungen die *politisch-institutionelle Vernetzung Gesamteuropas* gegenüber noch bestehenden militärischen Sachverhalten ein eigenes Gewicht erlangen kann und weil nur dann die klassisch-militärischen Problematiken (Sicherheitsdilemma, militärische Bedrohungslagen, etc.) deutlich in den Hintergrund treten können und nur noch von marginaler Bedeutung sein würden. Eine solche Entwicklung würde der heute schon konkreten Erfahrung im EG-Europa und zwischen den OECD-Staaten entsprechen. Eine vergleichbare Lage kann sich nicht innerhalb von ein bis zwei Jahren einstellen, aber am Ende des Jahrzehnts könnte sie Wirklichkeit sein.

Für die Idee der unterschiedlichen Geschwindigkeiten in der Verwirklichung der neuen Netze der Kooperation und der Sicherheitsstruktur spricht, daß die Vereinigung Deutschlands eine frühe Lösung der Sicherheitsprobleme im Kern Europas erforderlich macht und daß markante Vorgaben in der genannten Sicherheitskernzone Europas für das restliche Europa von beispielhafter Bedeutung sind. Auch nimmt die Multilateralisierung des Sicherheitsstatus des Ostteils von Deutschland in wichtigen Punkten Elemente der künftigen gesamteuropäischen Sicherheitsstruktur vorweg.

Auf dem beschriebenen Wege könnte innerhalb von fünf bis zehn Jahren eine Sicherheitsarchitektur entstehen, in die verschiedene Elemente einfließen würden: alte erweiterte Institutionen wie der Europarat, auf ökonomischem Gebiet die Europäische Gemeinschaft; weiterhin alte Institutionen, deren Prämissen neu zu definieren sind – wie im Falle der NATO und auch des Politischen Konsultativorgans in der östlichen Hälfte Europas, sollte letzteres zustande kommen. Aber Europa wird auch eine Reihe von wichtigen neuen Institutionen, Gremien und Instrumentarien besitzen als Resultat einer gesamteuropäischen Vertragsgemeinschaft auf KSZE-Ebene, als Ergebnis des Abrüstungsprozesses und der damit zusammenhängenden Informations-, Inspektions-, Kontroll- und Verifikationsvorgänge sowie der Konfliktprophylaxe. Entstehen wird nicht ein stromlinienförmig strukturiertes, sondern ein verschachteltes Gesamtgebilde, in dem es Überlappungen und Redundanzen gibt. Eine solche Struktur hat sich in der westlichen Hälfte Europas als nützlich erwiesen. Aller Wahrscheinlichkeit nach wird also das Ergebnis des heute beobachtbaren intensiven Verständigungsprozesses innerhalb Europas und zwischen den beiden Weltmächten nicht eine institutionelle Geburt aus einem Guß sein, sondern eine komplexe erschütterungsfeste gesamteuropäische Ordnung. Ob daraus später eine einfachere Gesamtstruktur erwachsen wird, läßt sich derzeit nicht beurteilen.

Man wird in den anderen wichtigen Dimensionen europäischer Politik – Wirtschaft, Umwelt, soziale Wohlfahrt, Kultur und menschliche Kontakte in vielen Bereichen – nicht konstruktiv wirken und verläßliche Ergebnisse erreichen können, wenn sich die politischen Ordnungs- und Sicherheitsfragen nicht klären. Heute hat Politik glücklicherweise in den meisten Teilen Europas diesen grundlegenden Sachverhalt begriffen, weshalb derzeit die politischen Prozesse von beeindruckender Geschwindigkeit sind. Es ist zu hoffen und darauf hinzuwirken, daß sie weder willentlich noch in der Folge unvorhersehbarer Ereignisse entgleisen. Die Chance für eine letztendlich erfolgreiche Entwicklung ist, wenn der derzeitige Elan aufrechterhalten bleibt, nicht schlecht; sie ist sogar ausgezeichnet.

TRUPPENSTÄRKEN IM ZENTRUM EUROPAS
(auf- und abgerundete Daten)

Land	derzeitige Stärke	Abrüstung auf 20 Prozent des Bestands (zirka)	Summe (zirka)
Deutschland	ca. 500 000	100 000	100 000
Umfeld von Deutschland:			
Dänemark	31 000	6 000	
Niederlande*)	103 000 (6 000)	20 000	
Belgien*)	92 000 (26 000)	18 000	
Polen	350 000	70 000	
ČSFR	195 000	39 000	
Ungarn	104 000	20 000	
Summe			173 000
Stationierungstruppen in DDR/BRD:			
Sowjetunion**)	195 000	–	
USA**)	195 000	40 000	
Großbritannien	70 000	14 000	
Frankreich	53 000	11 000	
Stationierung im Westteil von Deutschland			65 000

Quelle: Military Balance 1989/90

* Daten in Klammern = Stationierungstruppen in der BRD
** Daten laut zukünftigem VKSE I (Wien I)-Abkommen

Dorothee Sölle

Weder uns selber noch andere aufgeben

Hans-Eckehard Bahr hat in der »ZEIT« eine konkrete Vision vorgelegt; diesen Vorschlag zur Verfriedlichung unseres Landes will ich hier unterstützen. Er beinhaltet ja nicht einfach Abbau, Erübrigung einer inzwischen anachronistischen Institution, sondern zugleich Auftrag und Arbeit für die in ihr Tätigen. Bahr appelliert an den, so prämodern das klingen mag, Idealismus, der den Geist dieser Institution in ihren besten Augenblicken mitgetragen hat. Er nimmt an, daß nicht alle Militärs Zyniker sind. Er spricht sie auf die auch in ihnen versteckte Gemeinnützigkeit an und lädt so ein zum anderen Gebrauch der Kraft, der Phantasie, der Intelligenz und der Ressourcen, der unserer historischen Stunde angemessen ist. Die innere Stärke dieses Vorschlages ist gerade das Umschmieden der Schwerter. Sie sollen nicht weggeworfen werden, sondern Pflugscharen werden.

Dies geschieht heute an vielen Stellen. Eine Friedensinitiative in Osthessen schlägt vor, den östlichen Stützpunkt des V. US-Corps, den Grenzüberwachungspunkt A bei Grüsselbach, in eine Stätte internationaler Begegnung zu konvertieren. Auf dem Gelände des US-Stützpunkts und einem gleich großen Areal auf dem Territorium der bisheri-

gen DDR soll grenzüberschreitend ein Zentrum ökologischer Friedensarbeit entstehen.
(Kontakt: Gerald Flinner, Würzburger Str. 49, 6482 Bad Orb)

I. Ein Volk ohne Vision geht zugrunde

»Ein Volk ohne Vision geht zugrunde;
wohl dem, der das Gesetz hält.«
Sprüche Salomos 29,18

»Ein Volk ohne Vision...«, ich erinnere mich, wie dieser biblische Ausdruck aus der neuen englischen Bibelübersetzung mich eines Tages traf und zum Nachdenken verlockte. Der Begriff »Vision« war mir aus dem deutschen Sprachgebrauch eher fremd; als mich in den USA jemand fragte, was denn meine Vision sei, geriet ich ins Stottern. Langsam lernte ich, daß dieses Wort in Nordamerika zum großen Erbe der Befreiungsgeschichte gehört. Die Vision eines anderen Landes war die Antwort auf die geopolitische, konfessionelle und feudalstaatliche Enge und Abhängigkeit des alten Europa. »Vision« hat mit Freiheit zu tun, ist Vorstellung von größerer Freiheit als der jetzt gegebenen. Visionen sind Bilder »von einem Land, in dem es leichter wäre, gut zu sein«, wie eine große pazifistische Visionärin unseres Jahrhunderts, Dorothy Day, Mitbegründerin des *Catholic Worker*, zu sagen pflegte.
Ich erinnere mich, wie ich eines Tages in Manhattan vor einem großen öffentlichen Gebäude stand und die Inschrift entzifferte: Enlightenment Faith Vision. Aufklärung,

Glaube, Vision – diese Trias war mir in Europa noch nicht begegnet. In meinem Land stritten sich Aufklärung und Glaube wie Lessing und der Hauptpastor Goeze, und eine Vision, die aus beiden fließt, schien erst recht unvorstellbar. Das Wort selber schien mir eine Nummer zu anmaßend, es mochte für Visionäre, für Enthusiasten und Seher gut sein, aber zu meinem aktiven Wortschatz gehörte es noch lange nicht. Der Begriff mußte erst demokratisiert werden. Vielleicht bin ich indessen etwas tiefer in die genannte Trias hineingewachsen und kann darum mein Nachdenken über die möglichen Visionen meines Volkes beginnen mit einer großen Dankbarkeit den besten nordamerikanischen Traditionen gegenüber. Es waren nordamerikanische Freunde – zu denen ich auch die Toten von der aufständischen Sklavin Sojourner Truth bis zu Martin Luther King, von Thomas Jefferson bis zu Henry David Thoreau rechnen will –, die mich lehrten, die Vision eines Menschen mindestens so ernst zu nehmen wie seine gegenwärtige Realität. Auch meine eigene Vision! Gerade weil ich in den letzten zehn Jahren so viel von diesen transatlantischen Freunden gelernt habe, kann ich die Vision für mein Volk, die sich in Unterwürfigkeit und Nachbetung der heute gültigen gesellschaftlichen Ideale der Vereinigten Staaten erschöpft, nur verwerfen. Ironischerweise ist es gerade die Dankbarkeit gegenüber den befreienden Traditionen dieses großen Landes, die heute zum Bruch mit ihrem Weltmodell anleitet.

»Ein Volk ohne Vision geht zugrunde«, heißt es in der Bibel. In der Lutherschen Übersetzung klingt es etwas anders: »Wo keine Weissagung ist, wird das Volk wild und wüst; wohl aber dem, der das Gesetz handhabt.«

Mit »Vision«, »Weissagung«, ist die Stimme der Propheten gemeint, die zusammen mit dem »Gesetz« den damals vorhandenen Kanon der hebräischen Bibel bildeten. »Vision« und »Gesetz« sind also nicht als Gegensätze zu verstehen, in denen sich Yogis und Kommissare verständnislos gegenüberstehen und die eine Gruppe die visionäre Traumwelt und die andere die reale Machbarkeit repräsentieren. Vision und Tora gehören vielmehr in der Bibel zusammen. Martin Buber hat immer wieder darauf hingewiesen, daß die Übersetzung »Gesetz« für die jüdische Tora eine Verfälschung darstellt, eine Unterwerfung des hebräischen Denkens unter griechische Normen und Begriffe. »Tora« bedeutet in der hebräischen Bibel mehr als objektiv gewordenes Gesetz, mehr als juristische Verfassung oder Regelsammlung. Tora heißt Weisung, Anweisung, Hinweisung, Unterweisung, Belehrung; der sie gibt, Gott, ist nicht Gesetzgeber, sondern Lehrer. »Deine Augen werden deinen Lehrer sehen«, heißt es bei Jesaja (30, 20), zum Volk hin gesprochen. Und der Psalmist bittet: »Lehre mich deine Pfade« (Psalm 27, 11). In diesem Sinn ergänzen sich Gesetz und Vision; die Anweisung zum gerechten Leben wird in den Bildern des wahren Lebens erneuert und erinnert. Beide Grundbegriffe sind streng auf die Praxis bezogen. Die Vision ist handlungsorientiert und nicht eine selige Schau der Ewigkeit.

Wenn wir glauben, ohne Vision leben zu können, so willigen wir in eine lebensgefährliche spirituelle Verarmung ein. Kierkegaard hat einmal von den »niederträchtigen Nachstellungen der Mittelmäßigkeit« gesprochen, und zu dieser selbstzufriedenen, gefahrenblinden und schmerzunsensiblen Mittelmäßigkeit gehört es zu glauben, Visionen seien überflüssig, Pragmatismus reiche aus.

Welcher Pragmatismus denn eigentlich, möchte ich mit den Indianern der großen Prärie fragen, der der Maus? Sie nennen diese Art der Perspektivlosigkeit die »Sicht der Maus«. Sie haben eine Philosophie der Ganzheit entwikkelt, die sich im großen Medizinrad darstellt.*

Darin sind den vier Himmelsrichtungen vier Farben, vier Tiere und die vier großen Kräfte in den Menschen zugeordnet. Um ein ganzer Mensch zu werden, müssen wir lernen, in alle vier Richtungen zu gehen: zum Norden, dessen heiliges Tier der Büffel ist, der Weisheit verkörpert; zum Süden, der durch die Maus dargestellt wird, die Vertrauen und Unschuld auszeichnet; zum Westen, der unter dem Zeichen des Bären den Blick nach innen lenkt; und nach Osten, der vom Zeichen des Adlers bestimmt wird, er symbolisiert die Erleuchtung, in der wir die Dinge klar und von weither erkennen.

Ich befürchte, daß bei uns die Perspektive der Maus den Alltag vieler Menschen beherrscht, vor allem vieler Frauen, die sich in eine mäusische Existenz haben einsperren lassen; Nähe zu allem und Intimität sind die positiven Seiten dieser »Gabe des Südens«. Aber die Maus ist zu nahe am Boden und zu kurzsichtig, um irgend etwas zu bemerken, das sie nicht mit ihrem Schnurrbart berühren kann. Ein Mensch, der sich ausschließlich in Richtung der Maus voranbewegt – und den großen Kreis des Medizinrades aus den Augen verliert, trennt sich von der Weisheit des Büffels, der Erleuchtung des Adlers und dem Blick nach innen,

* Vgl. Hyemeyohsts Storm: Seven Arrows. Ballantine Books. New York 1972. – Dorothee Sölle, Wir sind ein Teil der Erde, und sie ist ein Teil von uns. Religiöse Erfahrungen, Mythen, Geschichten von Indianern. In: Bahr u. a.: Franziskus in Gorleben. Protest für die Schöpfung. Fischer alternativ. Frankfurt 1981.

den der Bär uns lehren kann. Ungetrennt, in alle vier Himmelsrichtungen, zu wachsen, sich auf den Weg zu machen und die Harmonie des großen Medizinrades zu erfüllen – das ist das Dasein des ganzen Menschen, der die vier Großen Wege gegangen ist. Dazu gehört auch die Vision.

Schon in persönlichen Beziehungen verfehlen wir einander, wenn wir die Vision des anderen Menschen nicht kennen oder wenn wir glauben, auf diese Kenntnis verzichten zu können. Wir wissen zu wenig voneinander, wenn wir die Vision des Lebens, die uns trägt, nicht miteinander teilen. Wir brauchen Bilder: der Häuser und der Städte, in denen wir leben könnten, der Arbeit und der Beziehungen der Menschen untereinander. Wenn wir nicht mehr gemeinsam zu träumen wagen, unsere Wünsche isolieren und verschmäht verstecken, so leben wir in einer uns erstickenden Dumpfheit. Es ist, als hätten wir darauf verzichtet, den Engel, der hinter einem Menschen steht, kennenzulernen; als wäre unsere Gleichgültigkeit so groß, daß wir uns mit der Außenansicht bloßer Gegenwart begnügen könnten. Einen Menschen lieben heißt immer auch, die Vision des anderen zu spüren. Die Gemeinsamkeit der Liebe ich auch und wesentlich: geteilte Vision.

Sheila erzählt mir daß sie
am ostersonntag mal wieder zur kirche ginge
sie wollte wissen denk ich mir
ob wir gründe haben
an auferstehung zu glauben
aus dem tod in dem wir jetzt sind

Ihre methode war einfach
sie las keinen alten text vor
sie paßte nicht sonderlich auf
sie fragte die teilnehmer einfach
wie denn die andere welt aussehen soll

Das schlimme sagt Sheila war nicht das lange schweigen
man hat den leuten das reden so lange verboten
das schreckliche war was dann kam
an liebe und solchem gerede
da war keine vision sagt Sheila
sie hatten nichts konkretes zu wünschen

Meinst du nicht werfe ich ein
daß es nur ein sprachproblem war
aber das ist es doch sagt sie bestürzt
ohne vision das volk gottes ohne sprache

Und wenn mich etwas tröstet
in diesem gespräch nach ostern
und vor der ausgießung des geistes
dann war es die trauer in Sheilas stimme
und der schmerz in ihren augen*

Wieviel mehr gilt es für Gruppen von Menschen, für unsere kommunale Existenz, daß wir Visionen brauchen. Wie wenig kann eine Gruppe, eine Gemeinde, ein Land auf langfristige, übergreifende Perspektiven verzichten! Wie eng hängen Verwurzelung im Miteinander des gemeinsamen Raums und geteilte Vision zusammen!

* Aus: Dorothee Sölle: Spiel doch von brot und rosen. gedichte. Fietkau. Berlin 1981.

Vielleicht sollte ich in diesem Zusammenhang die größte Vision, die ich kenne und ohne die mir jede andere zu klein wäre, nennen: Jesus hat sie »Reich Gottes« genannt. Diese Königsherrschaft Gottes ist notwendig »in uns« (Lukas 17, 21) und soll doch erst werden – sie ist schon sichtbar, wo immer die Beziehungen und Verhältnisse auf Gerechtigkeit und Liebe gegründet sind, und zugleich verborgen und ohnmächtig wie der Frieden, den wir suchen.
Die Todessucht und der Tötungswunsch der reichen Industriegesellschaft wacht auch heute. Wir leben im Krieg, schon jetzt. Vielleicht haben wir alle vier Himmelsrichtungen verloren, schon jetzt! Täglich rotten wir eines unserer Mitgeschöpfe, eine Pflanzen- oder Tierart, aus in diesem Krieg gegen die natürlichen Lebensgrundlagen. Täglich sterben mindestens vierzigtausend Menschen an Hunger in dem Wirtschaftskrieg zwischen den Reichen und den Armen. Und täglich perfektionieren wir den Krieg gegen uns selber, indem wir unser Geld, unsere Rohstoffe und Intelligenz dazu benutzen, Krieg vorzubereiten. Dabei wird nicht nur der Weltraum militarisiert, sondern auch der Innenraum der Seele wird zu einem Land, das von Droh- und Gewaltpotentialen besetzt ist.
Gerechtigkeit, Frieden und die Bewahrung der Schöpfung werden von der ökumenischen Bewegung der Christen als »konziliarer Prozeß« gegen diesen Krieg aufgeboten, aber die Kriegskräfte sind mit ungeheurer technologischer Macht ausgerüstet, vor allem, weil sie die wichtigste Produktivkraft, die unser Leben bestimmt, die Wissenschaft, in ihren Dienst gezogen haben. Wenn, wie in den Vereinigten Staaten, einundfünfzig Prozent der Wissenschaftler und Ingenieure »military related«, d. h. im Interesse des Todes,

arbeiten, dann können die Versöhnung mit der Natur, die Besiegung des Hungers und der Friede, der nicht auf Militärgewalt beruht, nur schwerlich das Ziel dieser Machteliten sein. Es mag manchem übertrieben klingen, wenn ich mein Lebensgefühl als »im Krieg« gegen die Schöpfung, gegen die Armen und gegen uns selber artikuliere; es ist aber nichts anderes, als was die christliche Tradition seit alters ausdrückt, und zwar mit einem ihrer heute kaum verständlichen zentralen Begriffe: dem der Sünde.

Paulus benutzt diesen Begriff »Sünde«, der im Römerbrief allein achtundvierzigmal auftaucht, nicht so sehr, um faktisches sündiges Tun zu bezeichnen; er impliziert, denkt vielmehr einen viel umfassenderen Sachverhalt der Herrschaftsverhältnisse, unter denen die Menschen leben.* Der Tod ist eine Macht, die schon während des Lebens regiert, der die Menschen in seine Gewalt bringt und benutzt. Diese Weltmacht des Todes, die uns vom Ursprung des Lebens trennt, nennt Paulus »Sünde«. Sie beherrscht die Welt – wie der Herr seine Sklaven, wie ein Dämon die Besessenen, sie hält die Menschen als Gefangene fest (Römer 7, 23). Sie erscheint als eine Kriegsherrin, die den Menschen ihren »Sold« auszahlt (Römer 6, 23), deren Waffe der Mensch ist (Römer 6, 13) und deren weltweites Instrument der Beherrschung der Tod ist (Römer 5, 21). Es ist allen Menschen deutlich, daß Gottes Wille Gerechtigkeit, Frieden und die Bewahrung der Schöpfung ist, aber die Todesstruktur, die Paulus Herrschaft der Sünde nennt, versklavt die Men-

* Vgl. zum folgenden: Luise Schottroff: Die Schreckensherrschaft der Sünde und die Befreiung durch Christus nach dem Römerbrief des Paulus. In: Evangelische Theologie, November/Dezember 1979.

schen so, daß sie beim Versuch, nach dem Willen Gottes zu leben, scheitern. Diese Kriegsherrin ist nämlich zugleich die Gesetzgeberin dieser Welt (Römer 7, 23), die nach ihren eigenen Sachzwängen auf den Tod hin geordnet wird.

Paulus hat sich die Weltherrschaft der Sünde in den Dimensionen des Imperium Romanum vorgestellt. Dieses Imperium bedeutete für die Mehrheit der damals lebenden Menschen brutale Herrschaft: wirtschaftliche Ausplünderung und politische Unterdrückung. Das Imperium Romanum hatte zwei Herrschaftsinstrumente entwickelt: einmal sein Recht, das Jus Romanum, das die Eigentumsbedingungen, Handelspreise, Unterwerfung anderer Völker und die Sklaverei regelte, zum anderen sein Militärwesen, das unter dem Titel Pax Romana die Stabilität der Herrschaft garantierte.

Wenn Paulus und die urchristliche Gemeinde das Wesen dieser Rechts- und Militärordnung als Sünde begreifen, die die Menschen so verknechtet, daß sie Gott nicht entsprechen können, so gibt das einen Hinweis auf die heutige Erfahrung von Christen und Nachchristen, die wie ich den Krieg als die alles beherrschende, alles vergiftende Realität erfahren. Andere Wörter für diese Realität sind: organisierte Friedlosigkeit, Wahnsinn, Projekt des Todes, Antiquiertheit des Menschen und viele andere mehr. Und so, wie Paulus die Macht der Sünde erst erkennen und benennen konnte von einem Punkt der inneren Freiheit aus, der in der Bibel »Glauben« genannt wird, so ist auch unsere heutige Todeserfahrung und Erkenntnis des Krieges, in dem wir gegen alles leben, nur möglich aus einer anderen Kraft, die uns zum Widerstand befähigt. Ohne Vision gehen wir in der Tat zugrunde, werden wir »wild und wüst«, willigen wir bewußtlos ein in das Projekt des über uns herrschenden Todes, das sich selbstredend wie jene römische imperiale Ordnung gern mit anderen Wörtern drapiert: Die geglückte Unterwerfung nannten die Römer »Befriedung«, das Weltsystem der wirtschaftlichen Ausplünderung der armen Völker mit Hilfe des Militärapparats trug den schönen Namen Pax Romama. Auch bei uns wird der Krieg »Verteidigung« genannt, der Staatsterror »Ordnung«, das Ziel der Weltherrschaft »Sicherheit«, die erpreßte Einwilligung »Demokratie«. Das unterworfene, visionslose Volk, das die Bibel so realistisch »wild und wüst« – das bedeutet aggressiv nach außen und leer nach innen – nennt, gilt als ein geordnetes, friedliches, »normales« Volk. Dabei genügte schon ein kleiner historischer Rückblick, um an eine Vision zu erinnern, die für eine kurze Zeit nicht nur die Sache der wenigen, der bewußten Minderheiten, war, sondern allgemeines Gut eines geschlagenen Volkes, das das größte Unglück seiner Geschichte als selbstverschuldet und teuer bezahlt begriff. Ich denke an die Jahre zwischen 1944 und 1947, eine Zeit, die in der Kapitulation vom 8. Mai 1945 kulminierte. Damals hat es in Deutschland-Ost und -West eine Art Vision gegeben. Es haben damals Millionen Menschen in der Tiefe ihres Herzens geglaubt: Nie wieder! Nie wieder das! Nie wieder Krieg! Selbst ein Mann wie F. J. Strauß hat erklärt, daß ihm der rechte Arm abfallen solle, falls er nochmals ein Gewehr anfasse. Es gab da einen ganz breiten Konsens unter den Menschen, der sich ausdrückte in der Überzeugung: Nie wieder das! Da war eine Vision, die sicher nicht klar genug war, die sich weithin nur negativ bestimmt hat, weil die Ursachen nicht reflektiert waren. Nur eine bewußte Minderheit sprach die

Ursache des Unglücks mit an und fügte zum »Nie wieder Krieg!« das »Nie wieder Faschismus!« hinzu.
Trotzdem gab es eine Gemeinsamkeit der Stunde Null, die freilich allzubald verschwinden sollte. Man kann das Adenauerregime und die Wiederbewaffnung Westdeutschlands als den Verlust dieser Vision beschreiben. Das Erstgeburtsrecht dieser aus Scham und Entsetzen entstandenen Vision wurde eingetauscht gegen die Linsensuppe des Wirtschaftswunders. Westdeutschland wurde mit dem Marshallplan aufgepäppelt und entwickelte sich wirtschaftlich in kurzer Zeit glanzvoll und mächtig. Der Preis für dieses Wunder waren die Integration in das westliche Militärbündnis und die Remilitarisierung erst West- und dann Ost-Deutschlands.
Heute ist die Vision, ein friedlich im Herzen Europas liegendes, sich entmilitarisierendes Deutschland, das nicht ständig auf aggressives Wirtschaftswachstum setzt und das sich zunehmend weniger an der Ausbeutung der dritten Welt beteiligt, greifbar nahe.
Daß der ökopazifistische Gedanke in Westdeutschland Fuß fassen konnte, nicht aber bei unseren Nachbarn jenseits des Rheins, hat gute historische Gründe; die Vision des »Nie wieder!« ist bei uns mit Schuld und Scham verbunden, gänzlich anders als in Frankreich. Eine tragfähige Vision, die eines Tages Mehrheiten auf ihrer Seite haben wird, muß Wurzeln in der Geschichte haben und an die Erinnerung der Menschen anknüpfen können.
Ich glaube aber, daß wir über die historisch vermittelte Vision noch eine andere, bis zu den Anfängen des Menschengeschlechts zurückgehende Vision von einem Frieden, der sich auf Gerechtigkeit, nicht auf Militärgewalt

gründet, brauchen. Unsere Visionen brauchen Nahrung; in einer Hungerzeit lebend, können wir es uns gar nicht leisten, die ältesten Visionen der Menschheit zu vergessen.

Die Wölfe werden bei den Lämmern wohnen
und die Panther bei den Böcken liegen.
Kalb und Löwenjunges fressen zusammen
ein kleiner Knabe treibt sie aus.
Kuh und Bärin befreunden sich
daß ihre Jungen beieinander liegen
und Löwen werden Stroh essen
wie die Ochsen.
Und ein Säugling wird seine Lust haben
am Loch der Otter
und das kleine Kind steckt die Finger
in die Höhle des Basilisken.
Kein Unrecht geschieht mehr
nicht länger wird Schaden gestiftet
auf meinem ganzen heiligen Berge
denn das Land ist voll Erkenntnis des Herrn
wie Wasser das Meer bedeckt.
Jesaja 11, 6–9

II. Die spirituelle Kraft der Hoffnung

Aber was sollen wir denn tun, liebe Freundinnen und Freunde?
Ein schwarzer Freund von mir hat einmal nach einem Vortrag über den Rassismus gesagt: »Sie fragen mich im Ernst, was Sie denn tun sollen? Wo leben Sie eigentlich?

Als ob der Rassismus da draußen wäre, irgendein Problem für Südstaatler! Sie haben doch nur die Wahl, ein Teil des Problems oder ein Teil der Lösung zu sein, eine Neutralität gibt es nicht.« Mir geht es genauso. Die Frage: »Aber was sollen wir denn tun?« macht mich oft ungeduldig, weil sie so klingt, als arbeiteten wir nicht längst mit am Projekt des Todes, als profitierten wir nicht von diesem Projekt, als zahlten wir nicht schon lange mit Kooperation und Billigung, mit Schweigen und Steuern, als beteiligten wir uns nicht daran, unseren hauseigenen Militarismus zu päppeln, ein Drittel der Bevölkerung auszugrenzen und unseren Teil dieser Erde gnadenlos zu zerstören. Das Projekt des Todes funktioniert ja nur mit Hilfe der heimlichen Verbündeten, die es in uns selber hat. Das geschieht in einer Gesellschaft materieller Überproduktion durch den sanften, allgegenwärtigen Zwang zu einer milden Depressivität. Die Humanität reduziert sich aufs Private, Häme ersetzt den Zorn, kampflose Resignation erstickt die Solidarität. So stellt sich ein gut geölter Kreislauf her von Gewalt und Unterwerfung, Unrecht und seiner Duldung, von Verbrechen und Komplizenschaft. Aber der tausendfach gehörte Satz »Man kann ja doch nichts machen« tötet die Seele. Er stellt die verbreitetste Form der Leugnung Gottes dar. Solange wir an diese Grunderfahrung gesellschaftlicher Ohnmacht nicht herankommen, werden wir das komfortable Gefängnis nicht verlassen können.

Wie kommen wir von der Ohnmacht zur Partizipation an den Entscheidungen, von der Abhängigkeit von Ängsten und Konsum zum Frei-Mut der Demokratie, wie nutzen wir die Spielräume und Privilegien, die wir vielen anderen Gesellschaften voraushaben? Wie können wir die Menschen, die sich in der milden Depressivität eingerichtet haben, für etwas mehr Glasnost auch bei uns gewinnen? Und woher nehmen wir selber die spirituelle Kraft der Hoffnung, in der wir weder uns selber noch andere aufgeben? Ich versuche, drei Antworten zu geben, die ich nenne:

– sich erinnernd historisch zu vernetzen
– die eigene Würde zu bewahren
– in Kommunion mit den Toten zu leben
– sich erinnern an die schon geschehenen Befreiungen

Wir sollen uns an die Erfahrungen von Befreiung, an die kleinen Geschichten vom Gelingen erinnern. Wir müssen sie weitergeben. Ohne ein Wissen davon, daß es schon einmal anders war, bleiben wir in der Perspektive des Kaninchens vor der technokratischen Schlange. Jeder Mensch braucht einen Hoffnungsschrank, in dem wir die Erfahrungen von Befreiung sammeln. Die Hinweise auf die auch unter uns geschehenden Blindenheilungen sind unerläßlich. Jede Hoffnung braucht ein empirisches Bein: Ein kleines Volk unter einer militärischen Supermacht ist schon einmal frei geworden und aus der ägyptischen Sklaverei in das Land der Freiheit gezogen! Die legalen Formen der Sklaverei wurden im vorigen Jahrhundert abgeschafft, warum also nicht auch unsere Versklavung unter die globale Militarisierung? Das Wasser des Bodensees ist heute sauberer als vor zehn Jahren; der Terror der uns beschützenden Tiefflieger wird nicht mehr selbstverständlich hingenommen; nicht alle Gewerkschaften beugen sich dem Arbeitsplatzargument, wenn es um die Mordindustrie geht; und die Kirchen haben heute Schwierigkeiten, wenn

sie durch Banknoten den südafrikanischen Rassismus verlängern.
Die Hoffnung braucht aber auch ein Bein im Himmel, ein metaphysisches Bein. Wir können uns nicht vollständig von den Erfolgsaussichten unseres Tuns abhängig machen. Das moralische Niveau des Kapitalismus reicht nicht, um Menschen zu motivieren, ernsthaft für Humanität zu plädieren und dem Projekt des Todes entgegenzutreten. Ich habe viele Male von Journalisten zu hören bekommen: Glauben Sie denn wirklich, mit dieser Aktion etwas erreichen zu können? Ich glaube nicht, daß ich mich mit dieser Frage arrangieren kann, es gibt Dinge, die schlechterdings unerträglich sind und denen wir widerstehen müssen, einfach, um unserer eigenen Würde willen. Es gibt in der inneren Auseinandersetzung mit dem Zyniker in uns, der resignativ-harmoniesüchtigen Frau in uns, einen »point of no return«, an dem wir handeln und uns in den Widerstand einüben, Zeichen setzen, uns verbünden, einfach, weil wir dem Leben nicht mehr trauen als dem Projekt des Todes.
Der Kirchenvater Augustinus sagt, daß die Hoffnung zwei liebliche Töchter hat, Zorn und Mut. Treibt diese Töchter nicht aus dem Haus, sie gehören zusammen; Zorn, damit das Nichtige auch nichtig bleibt; Mut, wie Augustinus sagt, damit das, was sein soll, auch sein wird.
Wir werden dabei wie die Frau in einem der Gleichnisse Jesu, die ein kleines Stück Sauerteig mit viel Mehl, das in sich fade und geschmacklos ist, vermengt. Sie geht dann schlafen und fragt nicht: Habe ich auch alles getan? Was habe ich versäumt? Hätte ich nicht früher aufstehen sollen? Wird es das bißchen Sauerteig schaffen? Sie vertraut der Kraft des Sauerteigs und fühlt sich nicht total verantwort-

lich. Sie läßt den Teig das Brot durchsäuern, so wie der Bauer die Saat wachsen läßt.
Wenn wir uns allmächtig glauben, den raschen, unmittelbaren Erfolg zum Kriterium machen, dann geraten wir in einen Allmachtswahn, der gerade die Quelle von Ohnmacht und Resignation wird. Was hat es denn gebracht? Wen haben wir gewonnen? Hat sich etwas verändert? Das sind Fragen, die uns in der Ohnmacht einsperren wollen und uns von unseren wunderbaren Töchtern trennen. Ich meine, wir sollten uns den Stolz nicht nehmen lassen. Die Friedensbewegung des letzten Jahrzehnts hat die Geschichte dieses Landes verändert, der Militarismus muß sich heute ständig selber rechtfertigen, und diese Decke ist vorn und hinten zu kurz. Wir sind nicht allein mit dem, was wir tun. Zehntausende von Friedensfreunden in den USA blokkieren die Atomteststätten. Wir sind nicht eine winzige, zu vernachlässigende Minderheit, und die Bewegung für Frieden, Solidarität mit den ausgebeuteten, verschuldeten Völkern und der ausgeplünderten Erde ist nicht ein Thema von gestern. Die Frau im Evangelium schaut nicht alle fünf Minuten nach, ob der Teig schon angesäuert ist, sie tut ihre Sache und legt sich schlafen. Sie ist nicht allein, der Sauerteig hilft ihr. Die Kraft des Lebens selber trägt uns. Wir haben nicht nur bessere Argumente als unsere Militaristen, Großtechnologen und Banker – es ist einem ja schon fast peinlich, wieviel besser unsere Argumente sind! Wir haben auch die menschheitlichen Traditionen auf unserer Seite. Wir haben die jüdische, die besten Bestandteile der christlichen und die humanistische Tradition auf unserer Seite. Nirgends steht geschrieben, daß jeder ewig Schuldner bleiben muß, daß wir die Grenzen des Friedens nicht respektie-

ren sollen und daß wir unsere Mutter, die Erde, weiterhin vergewaltigen müssen.
Und dafür haben wir in diesen Tagen allen Grund, denn wir haben noch ein anderes dunkles Heer von Verbündeten um uns. Das sind die Toten des letzten, des deutschesten aller Kriege. Auch die Toten bitten uns heute um Erbarmen: um Abrüstung, weniger Gift und ein Stück Brot. Es bitten uns die Verhungerten, die von der Militärmaschine Zerfetzten, die mit Gas Erstickten. Wir sind nicht allein bei unserer Arbeit und in unseren Kämpfen. Wir haben es gar nicht nötig, die Toten zu verschweigen und sie sozusagen noch einmal unter den Asphalt zu bringen. Sie sind bei uns, sie haben uns etwas zu sagen, und ein Mensch sollte nie so einsam werden, daß er ohne Tote und ohne Nachkommen leben zu können glaubt.

KARSTEN D. VOIGT

KSZE und Europäische Gemeinschaft als wichtigste Grundlagen einer Europäischen Friedensordnung

Die Deutschen in der DDR haben dadurch, daß sie in den Formen der Friedensbewegung Freiheitsrechte erkämpften, der deutschen Nation mehr gedient, als es je eine an nationalstaatlicher Macht orientierte Rhetorik und Politik der deutschen Rechten vermocht hätte. Die demokratische Revolution in der DDR war Teil einer europäischen Freiheitsbewegung, die nach Polen und Ungarn auch die Tschechoslowakei und die DDR erfaßte, die aber ohne die von Gorbatschow in der Sowjetunion eingeleitete Reformpolitik gerade auch in der DDR nie hätte erfolgreich sein können. Damit die Emanzipation der Nationen nicht wieder – wie in der europäischen Vergangenheit – zum gewaltsamen Konkurrenzkampf der Nationalismen entartet, müssen jetzt die Grundlagen für eine Europäische Friedensordnung gelegt werden. Langfristiges Ziel sollten die Vereinigten Staaten von Europa sein.

Abschreckung will den Krieg durch die Bedrohung eines potentiellen Angreifers mit der Vernichtung verhindern. In einer Friedensordnung wird Gewaltfreiheit durch wechselseitiges Vertrauen, gemeinsame Interessen und eine strukturelle Unfähigkeit zum Angriff gewährleistet. In Europa bietet der KSZE-Prozeß die Chance, nationalstaatliche Souveränität durch gesamteuropäische Institutionen, Regeln, Verfahren und das verbindliche Bekenntnis zu Menschenrechten und demokratischen Grundwerten einzuhegen. Die Institutionalisierung des KSZE-Prozesses und die Vertiefung der EG-Integration bei gleichzeitiger regionaler Erweiterung der Europäischen Gemeinschaft um neue Mitgliedstaaten im Norden und Osten Europas können einander in ihrer friedenstiftenden Wirkung ergänzen.

Zwischen den Staaten, die Mitglied der Europäischen Gemeinschaft sind, ist ein Krieg undenkbar geworden. Sie ist damit zu einer Zone des zwischenstaatlichen Friedens geworden. Die Europäische Gemeinschaft hat auch zur Stabilisierung der jungen Demokratien im Süden Europas beigetragen. Sie hat jedoch das Entstehen politischer und sozialer Widersprüche nicht verhindern können. Aber ihre Institutionen haben eine gewaltfreie Austragung dieser Konflikte begünstigt. Insofern trägt die Europäische Gemeinschaft – trotz all ihrer institutionellen Unzulänglichkeiten – heute bereits zum inneren Frieden in Westeuropa bei. Angesichts dieser Erfolge der Europäischen Gemeinschaft ist es nicht erstaunlich, wenn die neuen pluralistischen Demokratien im Osten Europas auf eine Mitgliedschaft in der EG drängen. Eine Vollmitgliedschaft in der EG wird sich für diese Staaten erst längerfristig verwirklichen lassen. Kurzfristig aber ist bereits eine den spezifischen Bedürfnissen dieser Länder angepaßte Assoziation mit der EG erstrebenswert. Die ökonomische und politische Zusammenarbeit mit der EG und ihren Mitgliedstaaten ist für die Staaten Osteuropas unverzichtbar, um dort die pluralistische Demokratie dauerhaft zu stabilisieren. Der Tatbestand, daß die EG kein Militärbündnis ist und auch nicht über eigene Streitkräfte verfügt, erleichtert die politische und ökonomische Zusammenarbeit mit jenen Staaten, die gegenwärtig immer noch dem Warschauer Vertrag angehören.

Als die KSZE-Schlußakte im Jahre 1975 unterzeichnet wurde, hat die Regierung der USA deren politische Wirkung unterschätzt, und die deutschen Christdemokraten haben sie bekämpft. Inzwischen ist die KSZE-Schlußakte zur wichtigsten Grundlage aller gesamteuropäischen Prozesse geworden. Dies gilt nicht nur für den Bereich der Menschenrechte und den der kulturellen und wirtschaftlichen Zusammenarbeit, sondern auch für die konventionelle Abrüstung: Auch jene Wiener Verhandlungen, die formal nur zwischen den dreiundzwanzig Mitgliedstaaten von NATO und Warschauer Vertrag stattfinden, beruhen auf Entscheidungen von KSZE-Nachfolgekonferenzen.

Inzwischen besteht Übereinstimmung zwischen den KSZE-Teilnehmerstaaten, daß auf den für Herbst dieses Jahres geplanten KSZE-Nachfolgekonferenzen unter anderem eine regelmäßige Konferenz der Außen- und Verteidigungsminister, ein Organ zur friedlichen Streitschlichtung und eine Art KSZE-Sekretariat vereinbart werden sollen. Diese Institutionalisierung des KSZE-Prozesses ist zu begrüßen. Sie reicht aber nicht aus.

Ich befürworte die Bildung von KSZE-Friedenstruppen. Sie sollten nach den gleichen Prinzipien wie die UN-Friedenstruppen zusammengestellt werden, das heißt, derartige Truppen können nur im Konsens mit allen Konfliktbeteiligten aus freiwilligen Kontingenten von Mitgliedstaaten der KSZE entsandt werden. Bei ihrem Einsatz wären derar-

tige Kontingente nicht nur auf die Charta der Vereinten Nationen, sondern auch auf die Beschlüsse der KSZE zu verpflichten. Der Einsatz selber könnte durch den Europäischen Gerichtshof rechtlich überprüft und durch die parlamentarische Versammlung des Europarates, der künftig möglicherweise Vertreter aus allen KSZE-Staaten angehören, überwacht werden. Der Einsatz derartiger KSZE-Friedenstruppen könnte zum Beispiel dann sinnvoll werden, wenn grenzüberschreitende Nationalitätenkonflikte zu zwischenstaatlichen Kriegen zu eskalieren drohen. Nachdem der Kalte Krieg zwischen Ost und West überwunden ist, könnte die Kombination von sozialen Konflikten mit Spannungen zwischen unterschiedlichen Nationalitäten im Osten und Südosten Europas zur wichtigsten Ursache von bewaffneten Auseinandersetzungen werden.
Es ist unwahrscheinlich, daß die Teilnehmerstaaten der KSZE bereits in den nächsten Jahren bereit sein werden, ihre nationalstaatliche Verfügung über Streitkräfte dauerhaft auf KSZE-Institutionen zu übertragen. Eine Integration der Streitkräfte eines vereinigten Deutschlands in die multilateralen Strukturen der NATO ist deshalb für eine heute noch nicht zeitlich definierbare Übergangszeit einer nationalstaatlichen Verfügung über deutsche Streitkräfte vorzuziehen. Eine Vereinbarung über die Bildung von KSZE-Friedenstruppen könnte aber einen wichtigen Schritt hin zu einem Europäischen Sicherheitsvertrag aller KSZE-Teilnehmerstaaten darstellen. Er sollte vorsehen:

- die Friedenspflicht untereinander
- die Festlegung von Ober- und Untergrenzen für die Streitkräftekontingente der Mitgliedstaaten, die Anlage von defensiven Streitkräftestrukturen

- den Abzug von Nuklearwaffen vom Boden der Nichtnuklearstaaten
- die Funktion der USA, Kanadas und der Sowjetunion als Teilnehmer und Garantiemächte des europäischen Sicherheitssystems.

Die Deutschen werden ihre Streitkräfte bis 1995 auf 370000 Mann reduzieren und damit fast halbieren. Das ist ein guter Anfang. Weitere Abrüstungsschritte sollten folgen.

Wer keine Feinde hat, kann Streitkräfte und Rüstungen abbauen. Das neu entstehende vereinigte und demokratische Deutschland hat keine militärischen Feinde. In der ersten Hälfte dieses Jahrhunderts hat die Politik des deutschen Nationalstaats unsere europäischen Nachbarn bedroht und mit Krieg überzogen. Wenn das neue Deutschland als integrierter Bestandteil europäischer Institutionen durch seine Politik zum Motor für die Entwicklung einer gewaltfreien europäischen Friedensordnung würde, dann hätten wir Deutsche wirklich aus unserer Geschichte gelernt.

Der Herausgeber

Hans-Eckehard Bahr, geboren 1928, hat den Lehrstuhl für die Lehre von der handelnden Kirche an der Evangelisch-Theologischen Fakultät der Ruhr-Universität Bochum und ist seit 1971 als Kurator der Deutschen Gesellschaft für Friedens- und Konfliktforschung in Bonn tätig. Er veröffentlichte unter anderem: »Erwachsenenbildung: Testfall Dritte Welt« (Leverkusen), »Wissen wofür man lebt« (München 1982), »Versöhnung und Widerstand« (München 1983), »Wie den Menschen Flügel wachsen« (zusammen mit Dorothee Sölle, München 1984), »Hoffen« (Stuttgart 1989), »Lieben, Loslassen und Sich-Verbinden« (zusammen mit Verena Kast, Stuttgart 1990), »Seht, da kommt der Träumer« (Stuttgart 1990)

Die Autoren

Franz Alt, geboren 1938, ist Redakteur beim Südwestfunk Baden-Baden und moderiert dort u. a. das Magazin »Report«. Sein Buch »Frieden ist möglich« erreichte ein breites Publikum.

Rainer Eppelmann, geboren 1943, war Pfarrer an der Ostberliner Samariterkirche und in der Friedensbewegung der DDR aktiv. Er wurde von der Regierung Modrow zum Minister ohne Geschäftsbereich und nach den Wahlen in der DDR im März 1990 zum Minister für Abrüstung und Verteidigung ernannt.

Erhard Eppler, geboren 1926, war von 1968 bis 1974 Bundesminister für wirtschaftliche Zusammenarbeit. Beim Deutschen Evangelischen Kirchentag gehört er seit 1977 dem Präsidium an und ist momentan Präsident. Er ist Vorsitzender der Grundwertekommission der SPD, Vorstandsmitglied der SPD und Kolumnist der DS.

Nikolaus Huhn, geboren 1959, ist Schreiner in München. Er arbeitete sechs Monate lang in der UdSSR und gründete im Anschluß daran die Organisation »Handwerker am europäischen Haus«, die zum Ziel hat, der Kritik an der Friedensbewegung durch Austausch – besonders mit der UdSSR – zu begegnen.

Robert Jungk, 1913 geboren, befaßt sich als promovierter Historiker und Honorarprofessor der Technischen Universität Berlin mit den interdisziplinären Forschungsansätzen und gründete 1964 das erste Institut für Zukunftsfragen in Europa.

Franz Meyer, geboren 1934, war in Süddeutschland Major bei der Tuppe. Er war und ist beim Darmstädter Signal aktiv, kandidierte bei den Landtagswahlen in Baden-Württemberg für die SPD und wurde dann zum Heeresamt der Bundeswehr in Bonn versetzt. Seit 1990 ist Franz Meyer im Ruhestand.

Hans Modrow, geboren 1928, war ab 1973 erster Sekretär der Bezirksleitung der SED Dresden und hatte vom November 1989 bis zum März 1990 das Amt des Ministerpräsidenten der DDR inne. Er ist heute Abgeordneter der Volkskammer der DDR und Ehrenvorsitzender der PDS.

Wolfgang Raupach, geboren 1946, war von 1973 bis 1984 Gemeindepfarrer in der City von Hannover. Seit 1984 ist er Geschäftsführer der Aktion Sühnezeichen Friedensdienste in West-Berlin. Er ist außerdem Mitglied der Kammer für öffentliche Verantwortung in der EKD.

Hans-Joachim Reeb, Major, ist Lehrstabsoffizier im Bereich Politische Bildung beim Zentrum Innere Führung der Bundeswehr in Koblenz.

Elmar Schmähling, geboren 1937, Flottillen-Admiral und seit 1984 Chef des Amtes für Studien und Übungen der Bundeswehr, wurde wegen Kritik an der Sicherheitspolitik der jetzigen Regierung ohne Angabe von Gründen am 12. Januar 1990 in den einstweiligen Ruhestand versetzt.

Dieter Senghaas ist Soziologe an der Universität Bremen und hat sich auf Friedensforschung spezialisiert.

Dorothee Sölle, geboren 1929, ist Professorin für systematische Theologie in New York an einer der führenden theologischen Ausbildungsstätten in den USA und Autorin. Sie engagiert sich für die Befreiungskämpfe der Dritten Welt, aber auch für die europäische Friedensbewegung.

Karsten Voigt, geboren 1941, ist Vorstandsmitglied der SPD, Mitglied des Fraktionsvorstandes und Obmann im Auswärtigen Ausschuß.

Haffner, Sebastian
Zur Zeitgeschichte
36 Essays. Der große Publizist Sebastian Haffner setzt sich brillant mit Personen der Geschichte und Zeitgeschichte auseinander, greift politische Probleme, Theorien und Phänomene auf. 224 S. [3785]

Huxley, Aldous
Plädoyer für den Weltfrieden und Enzyklopädie des Pazifismus
Aldous Huxley wandte sich 1936 zweimal an die internationale Friedensbewegung. Das erste Mal mit einem Friedensappell, das zweite Mal mit einer stichwortartigen politischen Analyse aus der Sicht eines Pazifisten. 176 S. [3756]

Lafontaine, Oskar
Der andere Fortschritt
Verantwortung statt Verweigerung.
In diesem für ihn und seine Partei grundsätzlichen Buch beschäftigt sich Lafontaine mit Fortschritt, Arbeit und Natur. 224 S. [3811]

Schmidt, Helmut
Eine Strategie für den Westen
Ein kluges und sachkundiges Buch, in dem der ehemalige Bundeskanzler seine Sicht einer Gesamtstrategie für den Westen entwickelt. 208 S. [3849]

Smith, Hedrick
Die Russen
Der ehemalige Korrespondent der »New York Times« in Moskau schildert in diesem Buch wirklichkeitsgetreu den russischen Alltag. 456 S. [3589]

Albertz, Heinrich (Hrsg.)
Warum ich Pazifist wurde
Trotz seines offenen Engagements: Dies ist ein Friedensbuch – keine Ideologie des Pazifismus. Es ist ein Bericht über ganz persönliche Erfahrungen und Wandlungen. 176 S. [3827]

Valentin, Veit
Geschichte der Deutschen
Der Klassiker unter den Geschichtsbüchern mit einer modernen, sorgfältig ausgewählten Bebilderung und einem ergänzenden kurzen Abriß der deutschen Geschichte seit 1945.
960 S. mit 140 Abb. [3725]

Noack, Paul
Korruption – die andere Seite der Macht
Der Münchner Politologieprofessor Dr. Paul Noack geht dem Phänomen Korruption in Staat und Gesellschaft nach.
192 S. [3840]

Finckh, Ute / Jens, Inge (Hrsg.)
Verwerflich? Friedensfreunde vor Gericht
Eine Dokumentation der Gruppe »Gustav Heinemann« Tübingen.
208 S. [3808]

Zeitgeschichte